A ARTE DE CONHECER
ANTES DE PLANTAR
ABORDAGEM SOBRE FITOPATOLOGIAS URBANAS EM RUAS

Editora Appris Ltda.
1.ª Edição - Copyright© 2021 dos autores
Direitos de Edição Reservados à Editora Appris Ltda.

Nenhuma parte desta obra poderá ser utilizada indevidamente, sem estar de acordo com a Lei nº 9.610/98. Se incorreções forem encontradas, serão de exclusiva responsabilidade de seus organizadores. Foi realizado o Depósito Legal na Fundação Biblioteca Nacional, de acordo com as Leis nos 10.994, de 14/12/2004, e 12.192, de 14/01/2010.

Catalogação na Fonte
Elaborado por: Josefina A. S. Guedes
Bibliotecária CRB 9/870

S586a
2021
	Silva, Matheus Maramaldo Andrade
	   A arte de conhecer antes de plantar : abordagem sobre fitopatologias urbanas em ruas / Matheus Maramaldo Andrade Silva. - 1. ed. - Curitiba : Appris, 2021.
	   203 p. ; 23 cm.
	
	   Inclui bibliografia.
	   ISBN 978-65-250-0295-8
	
	   1. Urbanismo. 2. Paisagens. I. Título. II. Série.
	
	                                                                                            CDD – 712

Livro de acordo com a normalização técnica da ABNT

Appris
editora

Editora e Livraria Appris Ltda.
Av. Manoel Ribas, 2265 – Mercês
Curitiba/PR – CEP: 80810-002
Tel. (41) 3156 - 4731
www.editoraappris.com.br

Printed in Brazil
Impresso no Brasil

Matheus Maramaldo Andrade Silva

A ARTE DE CONHECER ANTES DE PLANTAR
ABORDAGEM SOBRE FITOPATOLOGIAS URBANAS EM RUAS

FICHA TÉCNICA

EDITORIAL	Augusto V. de A. Coelho
	Marli Caetano
	Sara C. de Andrade Coelho
COMITÊ EDITORIAL	Andréa Barbosa Gouveia (UFPR)
	Jacques de Lima Ferreira (UP)
	Marilda Aparecida Behrens (PUCPR)
	Ana El Achkar (UNIVERSO/RJ)
	Conrado Moreira Mendes (PUC-MG)
	Eliete Correia dos Santos (UEPB)
	Fabiano Santos (UERJ/IESP)
	Francinete Fernandes de Sousa (UEPB)
	Francisco Carlos Duarte (PUCPR)
	Francisco de Assis (Fiam-Faam, SP, Brasil)
	Juliana Reichert Assunção Tonelli (UEL)
	Maria Aparecida Barbosa (USP)
	Maria Helena Zamora (PUC-Rio)
	Maria Margarida de Andrade (Umack)
	Roque Ismael da Costa Güllich (UFFS)
	Toni Reis (UFPR)
	Valdomiro de Oliveira (UFPR)
	Valério Brusamolin (IFPR)
ASSESSORIA EDITORIAL	Evelin Louise Kolb
REVISÃO	Andrea Bassoto Gatto
PRODUÇÃO EDITORIAL	Lucielli Trevizan
DIAGRAMAÇÃO	Jhonny Alves dos Reis
CAPA	Sheila Alves
COMUNICAÇÃO	Carlos Eduardo Pereira
	Débora Nazário
	Karla Pipolo Olegário
LIVRARIAS E EVENTOS	Estevão Misael
GERÊNCIA DE FINANÇAS	Selma Maria Fernandes do Valle
COORDENADORA COMERCIAL	Silvana Vicente

AGRADECIMENTOS

Meu muito obrigado a todos que, de alguma forma, incentivaram-me ou criaram obstáculos construtivos para que, no fim, fosse possível escrever este livro.

A Deus, porque sem Ele nada seria possível.

Aos meus pais, Maria Arlete e Eurisvaldo, com carinho e dívidas, conselhos, virtudes e defeitos, são claros responsáveis por eu gostar tanto da vida acadêmica e querer crescer como pessoa e servidor público.

Aos meus professores, em especial, aqueles da cadeia de Paisagismo na faculdade e orientadores da graduação e mestrado: Glauco Cocozza, Flaviana Lira, Juliana Garrocho, Giuliana Brito e Luiz Pedro. Só sei fazer pesquisas porque vocês me ensinaram, e só amo mais minha profissão porque vocês a tornaram mais apaixonante.

À Universidade de Brasília e à Universidade Federal de Uberlândia, onde tive a oportunidade de crescer como arquiteto e pesquisador.

Aos amigos mais recentes da Prefeitura da Universidade de Brasília, em especial, meus exemplos, Júlio Pastore, José Pedro e Florisvaldo. Vocês são especiais mesmo! E claro, ao grupo do Museu das Flores, pessoas que também conheci há pouco tempo e já criaram tanta irmandade.

Às plantas, razão de eu ter um ofício e amar tanto ser arquiteto paisagista.

*Cada folha é perseguida pela saúva no chão,
então por que você continua confiando em uma rua de concreto?*

(Matheus Maramaldo)

APRESENTAÇÃO

Este texto avança por um refinamento que começou bem antes de iniciado meu doutorado pela FAU/UnB ou mestrado na FAUeD/UFU, um processo esboçado desde minha graduação, em Brasília.

Ainda estudando pela FAU-UnB (2010-2014), interessei-me intensamente pelo objeto vegetação (se é que podemos assim considerar o verde, um objeto; é, certamente, muito mais do que isso), acabando por procurar todas as matérias possíveis dentro da faculdade relacionadas a paisagismo e o que havia fora relacionado à botânica e que eu pudesse fazer. Assim, aprofundei meu conhecimento acerca das plantas e criei intimidade com um dos pilares primordiais da minha futura carreira, conhecendo temáticas bem diversificadas que pouco eram exploradas na Arquitetura.

Nessas andanças, acabei criando um olhar um pouco mais apurado e técnico acerca da relação que a vegetação estabelecia com os espaços e me surpreendi recorrentemente com a beleza dos jardins de Burle Marx, com os parques, ruas arborizadas, praças ajardinadas e os recantos floridos das casas, algo inédito para mim. Embora tenha visto essas áreas extremamente belas, com detalhes fantásticos de acabamento e paletas de espécies, também observei, entre bons projetos, regiões onde a implantação vegetal era completamente negligenciada nas cidades. Sim, além de belos planos paisagísticos, vi vários absurdos pelas ruas que percorria, como plantio de figueiras em berços mínimos, em calçadas menores ainda, ou plantas extremamente tóxicas dispostas perto de escolas. Eventos que, antes, simplesmente não reparava acabaram surgindo como um problema a ser explorado.

Perguntando por que isso ocorria, parti então para um ensaio teórico acerca da problemática (era uma das últimas matérias da graduação), explorando no texto os percalços relacionados à falta de planejamento vegetal nas urbes, tendo como referência uma superquadra de Brasília. O enredo ficou interessante, mas, pela falta de prática, ainda duro, com o foco muito preso ao elemento – árvores, arbustos etc. –, e não ao espaço, às relações interpessoais e ao contexto urbano.

Incentivado a evoluí-lo, entrei na pós-graduação, agora já na UFU. Tinha a intenção, além da recomendação frequente, de reforçar o pensamento urbanístico, já que vinha dessa área, para o tema, pois, do mesmo jeito que "saco vazio não para em pé", falar de bromeliáceas sem conectar à tectônica arquitetural também não fazia sentido algum para meus professores e colegas da área, para uma pesquisa naquele programa em si.

E, então, aqui estamos, estudando mais uma vez a vegetação urbana, melhor, as fitopatologias urbanas.

Solicito que persevere na leitura, mesmo que, por vezes, não pareça um texto de Arquitetura (em muitas ocasiões, me questiono se de fato o é), pois provavelmente abrirá a mente do leitor acerca do real impacto da vegetação nas cidades – se é um elemento urbano, faz parte do pensamento da Arquitetura. Existem também alguns desenhos que podem atenuar a dureza do caminho.

Peço, também, que não julgue o autor pela capa do texto: há lucidez, há pesquisa e, ao contrário do que possa parecer à primeira vista, há amor pelo verde. Plantar é uma prática maravilhosa, mas que deveria ser praticada com maior conhecimento quando se trata do bem comum, que são as urbes, e, para isso, deve-se atentar para os problemas também (plante um arbusto espinhudo dentro de casa, já que gosta tanto, não tem que ser bem na frente da calçada!).

Eis nada mais do que um manifesto ao bom senso da produção urbana, um pedido aos aprendizes e mestres para um qualificado fomento da vegetação nas cidades, o verde que amamos.

As plantas podem ser caixinhas de surpresas – inclusive caixinhas de Pandora. Será que Zeus não queria nos avisar algo?

PREFÁCIO

Em meados de 2015, eu fui informado que orientaria, no programa de pós-graduação da Faculdade de Arquitetura e Urbanismo e Design da Universidade Federal de Uberlândia (PPGAU-FAUeD-UFU), um excelente candidato que havia feito o processo seletivo e que trazia consigo um trabalho muito bom realizado sobre paisagismo na cidade de Brasília. A curiosidade por saber quem seria tal candidato logo se desfez quando o conheci pessoalmente, e já pude constatar de imediato sua tranquilidade e serenidade, como uma paixão pela área do paisagismo que transbordava já nas primeiras falas. Trazia consigo toda uma rica experiência, conhecimento técnico e afetivo sobre o mundo da vegetação. Os ipês, mulungus e sucupiras eram objetos de fascinação da paisagem do cerrado brasileiro e acabou por se tornar o título de sua obra conosco.

Essa fascinação também era registrada em seus desenhos, feitos em um caderninho que todo arquiteto deveria ter e que continha diversos croquis, não somente de vegetação, mas de animais do cerrado, insetos, como também de diversos espaços urbanos. A expressão no papel trazia toda a sua compreensão sobre paisagens e, em cada traço, o modo como seus olhos enxergavam diferentes aspectos do nosso cotidiano, sem perder o foco da vegetação e da cidade.

À medida que o texto amadurecia, notava-se que eram continuidades dos seus croquis, descontraído, mas muito consistente, e que coexistia com seu jeito de ser, transmitindo toda a paixão pela vegetação em cada linha escrita. O resultado foi um trabalho com uma excelente contribuição acadêmica, unindo todo o academicismo necessário, porém de forma mais livre ao apresentar seus resultados, ilustrando com inúmeros de seus desenhos todo aquele conteúdo. Era necessário divulgá-lo, e cá estamos.

O livro é sobre conhecimento da vegetação, ou, como ele mesmo nos alerta, que devemos conhecer antes de plantar, pois às vezes podemos causar mais danos que benefícios com a escolha equivocada das plantas, principalmente no meio urbano, foco do livro. O tema das fitopatologias se uniu de forma muito precisa ao seu conhecimento sobre os espaços das cidades, principalmente sobre as ruas brasileiras, muito maltratadas enquanto conjunto construído, mas que apresentam uma grande representatividade do que somos enquanto sociedade.

Ao debater suas inquietações com os leitores, o autor nos instiga a questionar diferentes pontos que envolvem o tema, porém apresentando sistematicamente cada pensamento seu sobre a arte do paisagismo urbano, e, não por acaso, construindo uma importante referência bibliográfica sobre a vegetação nas cidades.

O livro deve ser para todos, e não somente para arquitetos e paisagistas, mas para os entusiastas do verde, cidades e pessoas e para quem quiser se deixar levar por um texto envolvente e carismático, sobre um tema tão essencial que é a conscientização sobre o papel das plantas no nosso espaço cotidiano. Boa leitura a todos.

Prof. Dr. Glauco de Paula Cocozza
Universidade Federal de Uberlândia, 2020

SUMÁRIO

INTRODUÇÃO 15

1
VEGETAÇÃO: UM ELEMENTO OU UM DESELEMENTO URBANO ... 23
    1.1 A vegetação urbana e as transformações da paisagem 23
    1.2 Verde conflituoso nas cidades: fitopatologias urbanas 39
    Fitopatologias ambiental-sanitárias 41
    Fitopatologias físicas 49
    Fitopatologias psicossociológicas 57

2
A RUA E O AJARDINAMENTO 69
    2.1 Ruas e a cidade 69
    A rua como processo histórico 73
    O diálogo contemporâneo 82
    A rua brasileira 87
    2.2 A vegetação na transformação da paisagem da via 95
    O princípio da estória da flora viária urbana 95
    A rua vegetada na sociedade da informação 106

3
O ESTUDO APLICADO DAS FITOPATOLOGIAS URBANAS 113
    Um norte para a investigação dos processos fitopatológicos urbanos 113
    Métodos de estudo de fitopatologias urbanas 115
    Um exemplo de pesquisa de campo 126
    Rua padrão (bairro padrão) 126
    Recomendações: 148

CONSIDERAÇÕES FINAIS 149
    Análise do exercício de investigação fitopatológico e o que propor a partir disso .. 149

BIBLIOGRAFIA 159

PLANTAS: CUIDADOS EXTRAS NAS CIDADES 173

GLOSSÁRIO 191

INTRODUÇÃO

A ausência de projeto urbano brasileiro criou, no fomento de sua evolução, cidades construídas pela informalidade periférica e desconexão, com pautas prioritárias de exploração fundiária e econômica (DEL RIO, 2004; SANTOS, 2014; HOLANDA, 2016; ROLNIK, 2016):

> Se até mesmo nos inícios dos tempos modernos as cidades ainda contavam com jardins, isso vai tornando-se mais raro: o meio urbano é cada vez mais um meio artificial, fabricado com restos da natureza primitiva crescentemente encobertos pelas obras dos homens. (SANTOS, 2014, p. 46).

> [...] no mundo em desenvolvimento, as cidades estão se expandindo de forma tão rápida que resultaram no surgimento de imensas favelas. 50% da população urbana são novos moradores urbanos, para muitos a primeira e única experiência de vida na cidade moderna são as favelas. (ROGERS, 2001, p. 56).

> [...] o crescimento se deu por meio de muros, enclaves fortificados, shopping centers, condomínios e assim, houve um esvaziamento dos espaços públicos, dos espaços de convívio. (ROLNIK, 2016, p. 5).

Esse padrão expropriatório não somente garantiu o direito à não cidade como acentuou o progresso pavimentado e os embarreiramentos que nos custaram (e ainda custam) urbes de pouca habitabilidade, em que altas amplitudes térmicas são comuns e o conceito de comunidade e diálogo está altamente deteriorado (DUARTE; VILLANOVA, 2013; KARSSENBERG; LAVEN; GLASSER; VAN' THOFF, 2015).

Nossos espaços públicos são claros exemplos da aridez e preterição do processo urbano brasileiro, no qual a paisagem é tomada por peças conflitantes: calçadas estreitas, muramentos excessivos, planejamento viário centralizadamente automobilístico, ausência de verde, mobiliário e equipamentos urbanos (ROGERS, 2001). Temos, assim, urbes onde queremos percorrer e não mais estar, trazendo um afastamento natural do que diz respeito a fora de casa, com compromissos pontuais e trajetos os mais curtos e diretos possíveis (ROGERS, 2001; LEITÃO, 2005).

Entretanto, o direito à cidade tem entrado em voga com mais força nos últimos tempos, inclusive como questionamento político eleitoral no Brasil da segunda década do século XXI (ROLNIK, 2016). Nosso antropismo amorfo vem sendo questionado, buscando-se alternativas que tragam de volta urbes mais humanas, onde seja possível, de alguma forma, deleitar dos trajetos e interagir espacialmente, pausar e pousar em nossos espaços livres cotidianos (KARSSENBERG; LAVEN; GLASSER; VAN' THOFF, 2015):

> Tudo isso se dá em um quadro de vida em que as condições ambientais são ultrajadas, com agravos à saúde física e ambiental das populações. Deixamos de entreter a natureza amiga e criamos a natureza hostil. (SANTOS, 2014, p. 48).

> [...] [porém] começamos a ver nos últimos anos iniciativas dos próprios cidadãos, da própria sociedade, de retomar a cidade, a calçada, a praça, o lugar de convívio. (ROLNIK, 2016, p. 5).

Uma das vertentes para isso, que também vai de encontro a outro ponto crítico, a sustentabilidade ambiental, tem sido um maior uso de vegetação, uma procura por mais verde dentro das cidades (MASCARÓ; MASCARÓ, 2015). Com o passar dos anos, nossas pólis se adensaram, como descrevemos anteriormente, criando a cultura de maior ocupação possível e esquecendo-se das plantas e dos respiros necessários para a habitabilidade. Essa ausência de natureza cada vez mais latente, os efeitos cada vez mais rotineiros do aquecimento global, como uma ascendente propaganda ambiental, intensificaram, no século XXI, a procura (que não necessariamente se traduziu em realidade) governamental e da população por alternativas de massificação do verde nas urbes, trazendo novos plantios de árvores, mais jardins e outras alternativas para as edificações e espaços livres (telhados verdes, jardins verticais, hortas urbanas etc.) (MASCARÓ; MASCARÓ, 2015).[1]

Cabe-se entender que essa conversão cultural se baseia em um elencado de benesses cultuadas pela mídia, literatura científica e a própria história, visto que a vegetação contribui decisivamente para o sombreamento

---

[1] Importante: não podemos ficar presos a essa ideia temporal, pois existiram, claro, outros momentos de preocupação com a arborização no país, de plantio de jardins e canteiros. Aqui se faz um comentário que, como movimento mais generalizado, as cidades e seus habitantes tenderam a um pensamento maior de resgate do verde mais propriamente neste novo século.

das ruas e edificações, purifica nosso ar, diminui as temperaturas e a reflexão solar, embeleza a paisagem e transfigura positivamente o espaço de forma a fomentar o bem-estar psicológico (ABBUD, 2006) (Figura 1):

> As plantas nos dão conforto nas mais diversas formas, além de suas qualidades essenciais. As árvores nos proporcionam sombra, barram os ventos fortes, limpam o ar poluído, amenizam as temperaturas e enquadram vistas. As plantas também podem ser usadas para proteger o solo da erosão, absorver o excesso de água que escoa durante as tempestades ou retirar contaminantes do solo poluído, entre tantos outros atributos positivos. (WATERMAN, 2009, p. 75).

> Quando se trata de vegetação logo associamos nossa visão à natureza e a um bucolismo sereno que muito se assemelha às falas do iluminismo francês. (SILVA, 2014, p. 18).

> [...] a civilização e a sociedade corrompem o homem, é necessário recorrer ao sentimento, voltar à natureza que é boa. Rousseau entende a natureza como sendo o estado primitivo, originário da humanidade, isto é, entende-a no sentido espiritual, como espontaneidade, liberdade contra todo vínculo antinatural e toda escravidão artificial. Segundo ele a sociedade impõe ao homem uma forma artificial de comportamento que o leva a ignorar as necessidades naturais e os deveres humanos, tornando-o vaidoso e orgulhoso. O homem primitivo, entretanto, por viver de acordo com suas necessidades mais legítimas é mais feliz. Ele é autossuficiente e satisfaz suas necessidades sem grandes sacrifícios daí não sente grandes angústias, através do sentimento inato da piedade ele evita fazer o mal desnecessariamente aos demais. (FULGERI, 2003, p. 6).

Logo, é comum a tradução de qualificação paisagístico-ambiental por meio desses elementos; queremos, cada vez mais, esse contato com o natural e a vegetação é fundamental nesse processo. O verde, assim, apresenta-se como um objeto amplamente positivo com grandes referências de suporte... **o que deveria nos inspirar certa cautela.**

Figura 1 – A natureza como objetivo à cidade

Fonte: o autor, 2015

Cautela? Pensando no planejamento urbano, a propaganda amplamente positiva do verde, embasada pelo grande aporte do meio acadêmico, não a garante como objeto indubitável, sempre curinga no exercício de modificação urbana. E por que pensar assim? Embora a listagem extensa de benefícios ofusque nossa visão para o assunto, verifica-se que as plantas possuem certas qualidades que vão além da posologia clássica – raiz, caule, folha, flor –, características estas que pouco paramos para pensar e que, muitas vezes, são passíveis de se tornar transtornos para as cidades (Figura 2), até mesmo elementos perigosos (SILVA, 2014; SILVA; COCOZZA, 2016; SILVA; COCOZZA, 2017).

Figura 2 – Seriam todas borboletas?

Fonte: o autor, 2015

Conforme exposto, não prestamos muita atenção em onde, nem o que vamos plantar, e essa falta de ajuizamento prévio tornam escolhas, em princípio boas, em decisões que afetam negativamente nosso cotidiano, podendo trazer riscos e obstáculos de diversas amplitudes para nós. Logo, a falta de informação, certos empirismos e o descaso são os embriões para a formação desses problemas (SILVA, 2014; SILVA, COCOZZA, 2016; SILVA, COCOZZA, 2017):

> Expliquei ao principezinho que os baobás não são arbustos, mas árvores grandes como igrejas. E que mesmo que ele levasse consigo toda manada de elefantes, eles não chegariam a destruir um único baobá. [...] Os baobás, antes de crescer, são pequenos. (SAINT-EXUPÉRY, 2000, p. 22).

> A cidade era bonita, muito verde, mangueiras e outras árvores frondosas sombreando as principais ruas e avenidas. Em certas épocas do ano devia ser perigoso andar debaixo delas, quando ficavam carregadas de frutas. (MINEV, 2014, p. 74-75).

Essas questões nocivas (ou aparentemente nocivas) que se apresentam nas urbes e que se relacionam com o verde são o que podemos chamar então de **fitopatologias urbanas**, termo que será mais bem exemplificado no decorrer do texto, mas que, resumidamente, pode ser descrito como uma inversão do termo botânico, no qual se refere a doenças, deformações e outros problemas que ocorrem nas plantas, passando a ser "**plantas causando malefícios à cidade**"[2] (SILVA, 2014). Tais ocorrências mostram-se desde movimentos minúsculos e pouco perceptíveis a grandes intervenções, como configurações materiais ou culturais: deslocamentos de pavimentos por conta de raízes, ofuscamentos difusos da luz solar devido às copas, muramentos extensivos com arbustos altos, galhadas em crescimento direcionado à rede elétrica, imensidões gramadas com a proibição do pisoteio, renques bloqueando o vento em regiões quentes e muitas outras situações.

Projetando esta leitura, no meio urbano observa-se que a **rua**, espaço público por direito e que é, de fato, a ambiência majoritária do cotidiano citadino, provavelmente é o local onde a vegetação (e, consequentemente, tais fitopatologias) mais interagem com o contexto geral da cidade, onde lemos o verde modificando as escalas e configurando, para o bem ou para o mal, a paisagem antrópica (LAMAS, 2014), não se fechando em si – caso de jardins internos, por exemplo.

Sabendo disso, argui-se sobre que espaço estamos produzindo quando inserimos o vegetal em nossas ruas, se estamos pensando na cidade ou se estamos refletindo pontualmente, esquecendo do restante dos usuários. As fitopatologias presentes nas ruas são, assim, questões morfológicas e sociológicas, físicas e culturais, mais do que cenários ecológicos, são cenários paisagísticos que constantemente estamos alterando.

Entendendo que não estamos alertas para tais pontos e observando, ainda, a existência dessa lacuna na literatura, propõe-se, assim, uma lógica de enfrentamento a esse que, mais do que propriamente exemplificar tais problemas nas cidades, mostre a importância do tema para o planejamento urbano e seus horizontes.

---

[2] Imprescindível ressaltar que a existência desses problemas nas cidades não se dá por culpa da própria vegetação em si, mas dos seres humanos que as implantam nas cidades, não observando características como porte, veneno e fragilidade.

Portanto, o texto seguinte nada mais é do que uma discussão do produzir vegetal urbano, por meio da leitura dos vários problemas de implantação, tendo como contexto o espaço significativo da rua para sua análise. O desenvolvimento da compreensão desses ocasos se dará com um modelo básico de articulação e demonstração das variáveis. Em suma, buscaremos:

1. Entender o objeto **vegetação urbana**.
2. Esboçar uma caracterização geral fitopatológica urbana, tendo como base estudos anteriores do autor e referências diversas botânicas, paisagísticas e urbanísticas.
3. Compreender o espaço urbano "rua" e estabelecer sua interlocução com a vegetação.
4. Desenvolver uma cadeia de métodos, que é o principal, para a leitura da paisagem com fins de analisar a vegetação urbana e as fitopatologias existentes – diagnóstico –, possibilitando exercícios e diretrizes de ajuste e recuperação.
5. Exemplificar os métodos com uma rua-tipo.

Essa experiência, como o instrumento que surge a partir dela, auxiliará sendo mais um dispositivo de estudo da paisagem, claro, com foco no elemento vegetal e sua interface com o espaço, principalmente livre e público, apresentando-se diferenciado, com mais variáveis além da botânica, visto a complexidade arquitetônica-paisagística que a cidade merece.

1

VEGETAÇÃO: UM ELEMENTO OU UM DESELEMENTO URBANO

1.1 A VEGETAÇÃO URBANA E AS TRANSFORMAÇÕES DA PAISAGEM

Apesar de a **vegetação** ter a singela descrição *"conjunto de plantas que povoam uma área determinada"* no dicionário Michaelis, ela se apresenta de forma muito mais ampla quando avançamos além da etimologia da palavra. Apesar da cientificidade da frase, há de se ponderar que ela é um conjunto plurissignificativo, no qual nem sempre A e B são as únicas respostas possíveis, tendo o encantamento, o crescimento e outras variáveis presentes. As plantas são epidêmicas, têm diversas cores, formas e tamanhos, e afaga-nos em combinações variadas não inertes (FARAH, 2004; MASCARÓ; MASCARÓ, 2015). Hoje, já não as tratamos mais como meros exemplares do quintal, estando já no centro de quase todas as discussões, principalmente acerca da "sustentabilidade".

Mas por que ocorre esse fascínio? Talvez sejam a qualidade visual, o perfume e a singeleza passados que variam a cada passo dado, ou, talvez, sejam as qualidades de abrigo e alimento, não dá para precisar. O que sabemos é que esses seres verdes habitam a Terra há milhões de anos, em um processo ininterrupto de evolução, no qual cresceram bastante variados, diferentes, mesmo em condições de habitat semelhante (RAVEN *et al.*, 1992). Estão espalhados pelo globo, em ambiente leves e extremos, tornando-se compatíveis até em áreas impensáveis, como a Antártica. Por serem tão variadas e complexas assim, as plantas acabam por permitir a mesma grande variedade de campos de conhecimento ligados a elas. Não há somente um foco direcionado ao entendimento da vegetação, o que nos traz leituras múltiplas, como a botânica ou a paisagística, que revelarão variantes desde a evolução e taxonomia até a aplicação urbana e artística.

Sob a ótica dos **botânicos, engenheiros florestais e agrônomos** (guardadas as devidas proporções) já não são somente espécies verdes, aquelas que temos em nosso imaginário, com folhas, troncos e flores. Elas pertencem a um campo mais vasto:

> As plantas incluem um amplo conjunto de organismos fotossintéticos que contém clorofilas a e b, são capazes de armazenar seus produtos fotossintéticos como amido dentro de uma membrana dupla de cloroplastos que o produz, e têm paredes celulares feitas de celulose (RAVEN *et al.*, 1992, s/p, tradução nossa).

A partir desta leitura, percebe-se que certas algas e musgos podem também ser plantas, surpreendentemente, e cogumelos deixam instantaneamente de sê-las. Além dessa caracterização, esses técnicos também as ordenam por outros parâmetros, principalmente morfológicos (GONÇALVES; LORENZI, 2011). Segundo a ordem evolutiva, as plantas podem ser classificadas como algas, briófitas, pteridófitas, gimnospermas e angiospermas (RAVEN *et al*, 1992) (Figura 3), das mais primitivas às mais evoluídas, respectivamente. Esse tipo de categorização nos ajuda a compreender por que dadas árvores não possuem frutos, ou por que tal erva não produz flores; são características evolutivas, que cercearam grupos de outros e permitiram a dominação terrestre (RAVEN *et al.*, 1992).

Figura 3 – A evolução das espécies

Fonte: o autor, 2015

Esses profissionais ainda se estendem sobre características de hábito, lenhosidade, ramificações (ervas, lianas, arbustos e árvores, com exceções, mistos dessas composições, como as espécies aquáticas) e sobrevivência (GONÇALVES; LORENZI, 2011), fatos que justificam a produção ecossistêmica em que as plantas menores, menos resistentes e de crescimento mais rápido, revezam-se com plantas maiores, mais resistentes e de crescimento moroso, em um ciclo de proteção, morte, vida, parasitismo (quando umas burlam a via normal de autoprodução de alimento) e companheirismo. Em ecossistemas saudáveis há essa miscelânea de cada um desses grupos, favorecendo um e desfavorecendo outro em algum momento, mas em equilíbrio. Essa compreensão poderia ser ainda mais estendida com classificações morfológicas foliares e de flores ou mesmo taxonômicas, com definições de família e gênero, como tratar de todas as implicações econômicas associadas à agricultura e à silvicultura, contudo, já se faz um bom panorama do que seja vegetação ao nível desses observadores.

Geógrafos e ecólogos têm uma compreensão um pouco mais aberta desse objeto, fugindo do exercício focado do elemento, normalmente. Acabam por organizar as plantas a partir de fitofisionomias, cadeias de interações, ambiências, e por que não dizer, territorialidades. Eles trabalham com os biomas e ecossistemas, que se caracterizam por ciclos próprios, em que as semelhanças e a vida são compartilhadas por seres extremamente ligados. As paisagens que são assim vislumbradas revelam plantas de florestas, outras ciliares, adaptadas às vastidões de campos ou a desertos.

Importante também levar em consideração que esses pesquisadores se aprofundam na investigação de fatores históricos, que justificam a presença e a mutação dos conjuntos de espécies vegetais em dado espaço (ARAÚJO; MAGNOLI, 1999; DAJOZ, 1973). Não se trata mais de um exemplar de Amendoim Bravo (*Pterogyne nitens* Tul.), cujas características únicas são as informações mais relevantes, mas também as características do sistema que ele compõe, como ambientes densos de massa arbórea, umidade elevada, sombra extensa, proximidade com o oceano e todas as relações entre os indivíduos. Isso tudo influencia nas estratégias que serão usadas pelas plantas naqueles espaços para sobreviver e que darão as peculiaridades daquela restrição, como é uma análise pautada em experiências também climatológicas, geológicas, territoriais e de fauna.

Essas duas abordagens são mais voltadas à natureza e/ou ao consumidor, com o desenvolvimento de conhecimento acerca do silvestre e de tecnologias de produção, contudo, um último exercitante tem uma compreensão que avança nos propósitos empíricos e conceituais deste objeto, como em sua escala referencial: o paisagista. Habilitado ao trabalho da arte prática ou pesquisador que tem como objeto de estudo a paisagem, o paisagista dedilha a codificação do que se vê, sendo responsável pelos elementos que possibilitarão parte das mudanças nas intervenções (WATERMAN, 2009). Frisa-se que na visão paisagística acerca das plantas, a vegetação deixa de ser encarada como elemento fechado em si próprio e passa a ser encenada como parte de um processo de composição percepcional e/ou construtiva de usuários (LAMAS, 2014; MALAMUT, 2014).

É também importante frisar que a paisagem, nesse contexto, não é encarada como puro tema panorâmico, sendo "a expressão sensível de uma 'mediância'. [...] As paisagens são tanto maneiras de ser (produtos e projetos), como maneiras de ver (percepções sobre) os espaços produzidos (isto é, as cidades e os campos historicamente formados" (BERQUE *apud* OSEKI; PELLEGRINO, s/d, p. 4).

Mais que um vislumbre visual, ela passa a ser um objeto que o homem interage ou molda baseado em sua linguagem – culturalmente, tatilmente, olfativamente etc. É uma leitura espacial humana, física ou não.

Utilizando dessa vertente de entendimento, os elementos vegetais tornam-se ferramentas diferenciadas para a organização espacial, e guiados pelo seu porte, estrutura de copa, propriedades de drenagem e sombreamento, cores, morfologia foliar e de caule, odores e outras características, podem modificar a qualidade ambiental (no sentido amplo da palavra), sendo entendidos como objetos mutáveis de intervenção paisagística (ABBUD, 2006; LAMAS, 2014; MALAMUT, 2014) (Figura 4).

Essas atribuições morfológicas e formais permitem projetos nos quais a vegetação torna-se um combinado ativo de componentes – planos, pontos e linhas – que formam desenhos perenes ou intermitentes, tornando os elementos vegetais peças de um cenário espacial que revela marcos, pisos, paredes e tetos, claramente baseados em suas disposições e geometrias (MACEDO, 1992). Torna-se importante a promoção de diferentes *promenades* e estares dentro de um trabalho funcional, cultural e artístico – não puramente científico.

Por sinal, quando conversamos sobre vegetação por meio da ótica paisagística, um qualitativo agrega-se facilmente a ela: **urbana**. Quando falamos do verde urbano, não somente falamos dessas plantas habitando as cidades, como exercitamos um novo olhar e uma nova relação entre seres humanos e tais elementos (FARAH, 2004; LAMAS, 2014). A paisagem urbana que se desenvolve permeada também por árvores, arbustos e forrações, desenvolve-se com linguagens totalmente diferentes a partir da entrada destes componentes (Figura 5): uma rua com prédios altos tem uma profusão visual x e, possivelmente, um menor acolhimento dos usuários, que podem se sentir diminutos frente a um espaço tão vertical; a mesma rua dotada de árvores em uma sequência regular já transita para uma profusão visual *x/2*, ou menos, e, certamente, os transeuntes se sentem melhor com um teto mais baixo e uma espacialidade virtualmente menos antrópica – as copas regularizam as perspectivas e amenizam as temperaturas. São combinações e situações que tornam a vegetação nas cidades peça importante, que modifica as engrenagens, não como na natureza pura, mas como elementos de hierarquia semelhante aos ditos *"ingredientes tectônicos"* (fachadas, passeios etc.) (LAMAS, 2014; MASCARÓ, MASCARÓ, 2015):

> Do canteiro à árvore, ao jardim de bairro ou ao grande parque urbano, as estruturas verdes constituem também elementos identificáveis na estrutura urbana. Caracterizam a imagem da cidade; têm individualidade própria; desempenham funções precisas; são elementos de composição e do desenho urbano; servem para organizar, definir e conter espaços. Certamente que a estrutura verde não tem a mesma "dureza" ou permanência que as partes edificadas da cidade. Mas situa-se ao mesmo nível da hierarquia morfológica e visual. [...] Um traçado pode ser definido tanto por um alinhamento de árvores como por um alinhamento de edifícios. (LAMAS, 2014, p. 106).

Figura 4 – Os diferentes tipos de plantas

Fonte: o autor, 2015

Em nossas cidades trata-se de um elemento compositivo de muitos **espaços livres** – espaços urbanos não cobertos por edificações, segundo Magnoli (2006) – distribuídos em **espaços verdes** e **vegetados** – relação de ambientes de uso ou simplesmente que contém vegetação (MACEDO, 1995) –, **privados e públicos** – de fato, sem ou com uso por todos, ou com sensação aparentemente levando para um dos lados (LEITÃO, 2002) –, cujos empregos implicarão percepções e questões diferenciadas (MACEDO, 1995). Podem estar, então, em parques, canteiros, pátios, passeios, dentre várias outras áreas dentro de nossas cidades, independentemente do tamanho (Figura 6).

Figura 5 – A vegetação em uma interação com a cidade

Fonte: o autor, 2015

Figura 6 – Os espaços livres vegetados

Fonte: o autor, 2015

Mais especificamente nos livres e públicos, como ruas, praças e parques, a mesma orquestra relações fortemente interativas com o contexto geral urbano, não se restringindo a lotes, demonstrando dinâmicas que afetam a todos os usuários, moldando a forma urbana e as condições de caminhabilidade, criando jogos de sombras, pontos focais e marcos, coberturas e direcionamentos. Nesses espaços, de fato, a vegetação urbana pode recriar a vocação espacial, produzindo ambientes que funcionam como barreiras ecológicas ou permitindo a livre circulação e o estar com extensões gramadas, avançando dos aspectos ambientais para outros contemplativos e de lazer (MALAMUT, 2014):

> A presença da vegetação, dependendo de seu porte em relação à edificação, pode criar planos que organizem e dominem o espaço urbano através da unificação, ou simplesmente formar uma cobertura vegetal aconchegante para quem passa por baixo de suas copas sem modificar o perfil da edificação [...] ajudam a minimizar o aspecto edificado da paisagem. (MASCARÓ, MASCARÓ, 2015, p. 32-33).

Logo, percebe-se que a qualidade urbana não se restringe somente à presença de habitações bem feitas, boas escolas, hospitais referenciais e sistemas eficientes de segurança e transporte, apesar de, juntos, quase garantirem a qualidade que tanto almejamos. A mesma incorre também em lugares onde ocorra maior habitabilidade, já que em nossas cidades moram e circulam pessoas. Esses locais são mais bem qualificados tanto físico quanto ambientalmente, quando permitem mais interações entre os usuários (conversas diárias, trocas etc.), agregam beleza e afetividade e/ou exalam ar puro e maior proximidade com a natureza, este último conquistado, principalmente, pela existência de vegetação. Trata-se de um recorrente esforço de desantropização paisagística na qual o verde é fundamental.

Temos, assim, qualificações psicológicas, sociológicas, ambientais, sanitárias, físicas, medicinais, alimentares e econômicas, com desdobramentos em todos estes pontos nas cidades:

> As suas vantagens e utilizações variam desde benefícios psicológicos e estéticos intangíveis à melhoria do clima urbano e mitigação da poluição do ar. Historicamente, os principais benefícios das árvores urbanas e florestas se relacionam com a saúde, estética e lazer – benefícios em cidades industrializadas.

> Além disso, áreas verdes têm fornecido as pessoas subsistência, fornecendo alimentos, forragem, combustível e madeira para construção. (KONIJNENDIJK *et al.*, 2005, p. 81, tradução nossa).

No conjunto **psicossociológico**, além desse trabalho em torno das escalas, em que a vegetação urbana se configura como destaque ou fundo de composição (KOHLSDORF, 1996; LYNCH, 2005), existem outras implicações de sua promoção na paisagem das cidades nesse sentido. Trata-se de mais parâmetros sensoriais e percepcionais, que mexem com nossas cabeças, como também com a lógica urbano-social (FARAH, 2004; ABBUD, 2006):

> Através do paisagismo se obtém uma infinidade de formas e cores, anulando o efeito monótono de construções retilíneas. A presença de espécies arbóreas na paisagem promove beleza cênica, melhoria estética (especialmente na época de floração) e funcionalidade do ambiente e, em consequência, um aumento da qualidade de vida da população. (SMVMA, s/d, p. 16).

Logo, podemos perceber a ligação com a **afetividade, lazer e cultura** (Figura 7). Árvores, arbustos, gramados, canteiros diversos, nós os compreendemos como elementos isolados ou como espaços de recreação e de cuidado quando estabelecemos uma rotina de contato com eles ou quando os identificamos como algo de valor, não necessariamente econômico, mas também pela beleza cênica e benefícios que desponta (FARAH, 2004; ABBUD, 2006). Isso é comum com as plantas que cultivamos em nossos jardins ou em frente ao trabalho, nos parques que frequentamos e nas reservas biológicas que visitamos.

Trata-se de apego ao bem verde. A disposição de maciços vegetais também permite vínculos recreativos, em que nós as usamos como suporte físico ou visual. Deitamos sobre a grama, escalamos os troncos, prendemos fitas de *slack-line* e estiramos toalhas de piquenique – são todas atividades em que a vegetação colabora decisivamente para o bem-estar.

Figura 7 – Interação entre as pessoas e os elementos vegetais

Fonte: o autor, 2016

Partindo para questões culturais o leque fica mais amplo. A vegetação é um meio comum de manifestarmos nossa religião, como identificar nossas terras natais e vivências remotas (FARAH, 2004). Esse incremento de tradições também dita modas, as quais definem até mesmo qual o padrão de vida dos usuários locais.

Outra situação são questões religiosas, espirituais e supersticiosas, em que a vegetação atua como parte dos cultos ou simboliza algum tipo de sorte – fortuna, proteção e contato com o divino etc. Fazem parte do credo humano e estão presentes pelo globo com suas múltiplas significações, sendo algo importante para a diversidade da sociedade:

> Essa troca entre árvore e observador tem em Bachelard (1957) a interpretação da busca do engrandecimento da alma, enriquecido pelos dois interiores: da árvore e daquele que a aprecia, afinal a árvore engrandece a partir de nossos sonhos e imaginação e, da relação se humano-árvores, nasce um sonho único. (FARAH, 2004, p. 105).

Prosseguindo, dentre os potenciais do campo psicossocial estão a **qualificação estética e a sensibilização topoceptiva**. A primeira, a melhora da **aparência ambiental**, não são somente fetiches inventados por artistas, são necessidades psicofisiológicas que todos os seres humanos precisam, pois perecemos caso nossa rotina seja somente permeada por espaços sujos, desorganizados e feios dos quais não gostamos (ABBUD, 2006). Sabendo-se disso, o plantio do verde entra como uma das alternativas para essa necessária valorização estética dos lugares, sendo elemento que enriquece nossa visualização (com cores e texturas diferenciadas de folhas, flores e caules), afagando-nos sensivelmente e contribuindo para nossa identificação com o lugar (ABBUD, 2006). Ambientes de estética mais apurada são, assim, mais agradáveis de serem percorridos e lúdicos, seja pela variação tonal, seja pelo jogo de sombras e rugosidades, atraindo mais transeuntes para dado local por sua beleza, ou simplesmente nos deixando mais alegres (JACOBS, 1995; MASCARÓ; MASCARÓ, 2015). Esse poder de transformação dos espaços que a vegetação pode oferecer não somente os torna mais belos, como pode renová-los e encobrir seus defeitos (ABBUD, 2006).

Outros importantes fatores são dados pela qualificação da **inteligibilidade do lugar** (facilitação do entendimento espacial, direcionamento etc.). Por ser um grupo complexo e variado, a vegetação possui elementos de portes e estruturas diversos, os quais, em devidos espaços, deslocam facilmente o olhar para si (KOHLSDORF, 1996; MALAMUT, 2014). Maciços ou fileiras de elementos vegetais são capazes de nos orientar a um traçado, a arborização e o plantio de forrações formam canalizações físicas e visuais que nos direcionam (MALAMUT, 2014), morfologias icônicas (troncos grossos, floradas fortes ou folhagens diferenciadas, por exemplo) permitem gravar localizações. O trabalho da vegetação acaba por conformar, assim, o espaço nas três dimensões (MACEDO, 1992) em que nossa percepção espacial é ditada pelos volumes de copas, variação tonal, altura e distância dos elementos, permitindo efeitos de acolhimento, vazio, enquadramento, dentre outros (KOHLSDORF, 1996). A rotina dos espaços livres, como as ruas, torna-se ditada e sempre alterada pelo ciclo desses elementos na paisagem.

> Por qualidade entendo a relação entre indivíduo ou um grupo de pessoas e uma paisagem. Essa relação envolve as percepções, compreensões e relações humanas, como um processo aferidor de qualidade. A essência da qualidade paisagística não se encontra nem na paisagem em si nem nas pessoas, mas na natureza das relações que se estabelecem entre elas. Assim, a qualidade pode variar de acordo com o tempo e o espaço, com a natureza humana e com a natureza da paisagem na qual se insere. (ECKBO *apud* TELES, 2005, p. 17).

No âmbito **ambiental-sanitário**, interferem direta ou indiretamente no conforto em relação ao ambiente em que se encontram, qualidade do solo e na saúde das pessoas e animais (MASCARÓ; MASCARÓ, 2015):

> A arborização urbana, um importante componente da paisagem e do conforto ambiental, cumpre diversas funções no sistema de espaços livres de uma cidade: melhorias no microclima, diminuição de poluição do ar, sonora e visual, abrigo para a fauna que vive nas cidades, qualificação de lugares urbanos e sua identidade com as comunidades. Essas melhorias favorecem a apropriação dos espaços e a conexão com a natureza dentro do ambiente urbano. (BASSO; CORRÊA, 2014, p. 130).

Quanto à regulação ambiental, saltam três parâmetros: **conforto térmico, luminoso e acústico** (ROMERO, 2013; MASCARÓ; MASCARÓ, 2015). O primeiro é esboçado pela vegetação, sendo uma intermediária entre a radiação solar e o piso/edificações ou pela ingerência vegetal na umidade do ar e circuito dos ventos, sendo, nas cidades, elemento de inversão das propriedades agressivas do asfalto, concreto e vidro (efeitos da impermeabilização, principalmente) (ROMERO, 2013; BASSO; CORRÊA, 2014; MASCARÓ; MASCARÓ, 2015) (Figura 8):

> A vegetação possibilita a criação de microclimas urbanos diferenciados por meio do sombreamento, da redução da velocidade dos ventos, da proteção solar do conjunto urbano edificado e pela redução das temperaturas urbanas, pela evapotranspiração e retenção de umidade do solo e do ar. (BASSO; CORRÊA, 2014, p. 133).

Um segundo ponto seria o **conforto luminoso**. A vegetação, com suas diferentes folhagens e portes, cria diferentes nuances lumínicos no espaço (ABBUD, 2006), em que copas densas ou maciços fechados encobrem as visuais celestes e impedem o contato direto com os raios solares, ou copas mais esparsas/com folhagens menores promovem jogos tênues de sombra e luz.

Figura 8 – Proteção solar

Fonte: o autor, 2016

O terceiro, o **acústico**, apesar de negligenciado e controverso, ilude nossa psique com truques variados: maciços vegetais promovem **camuflamentos** visuais que acabam por enganar nossos ouvidos (sinestesia) (Figura 9), visto que não vemos as fontes de ruído (MASCARÓ; MASCARÓ, 2015). Além disso, as próprias galhadas, frutos e folhas, pelo balanço do vento, quebra e queda, produzem cânticos graves e agudos, que diversificam os sons urbanos (TREES & DESIGN ACTION GROUP, 2012). Ademais, deve-se notar que maciços vegetais, normalmente arbustivo-arbóreos, dependendo de suas extensões e portes, também podem contribuir com a **diminuição real dos ruídos** nas cidades, funcionando como anteparos (MASCARÓ; MASCARÓ, 2015; TREES & DESIGN ACTION GROUP, 2012).

À parte da flora stricto senso, o verde ainda serve de **abrigo e de alimento para fauna** – um chamariz para diversos animais (TREES & DESIGN ACTION GROUP, 2012). Tal cooperação nas urbes cria novas cadeias, nas quais circulam aves e insetos cantantes, animais polinizadores, outros tantos coloridos, os quais compõem um cotidiano extra-antrópico em torno de todos os sentidos para nós (do visual ao tátil), e possibilita ecossistemas rotativos dentro do urbano.

No **campo químico e sanitário**, mais fatores demonstram o quanto a vegetação urbana contribui com a vitalidade das cidades.

Com seus ciclos de vida – nascimento, reprodução e morte –, **fertilizam o solo, mantêm a umidade, e permitem novas gerações nascerem, ou nas próprias trocas de nutrientes com o solo, diversificam os componentes da terra** (CEMIG, 2011). A manutenção de florestas, parques e outras grandes estruturas só é viável por haver esses câmbios.

Figura 9 – Camuflamento vegetal

Fonte: o autor, 2016

A vegetação atua também no sentido de purificar matérias vitais para a vida na terra – o solo, água e ar –, retendo muitas das partículas de fuligem e poeira em suas folhas (de carros, por exemplo) e convertendo dejetos (esgoto e rejeitos industriais) em substâncias menos agressivas ou adubo (MASCARÓ; MASCARÓ, 2015). É um trabalho importante, que ameniza os efeitos nocivos da produção humana (Figura 10).

Na esfera **físico-ambiental**, interferem diretamente na proteção mecânica dos elementos construídos. **Portanto, a vegetação age de forma conter fatores concretos externos em nosso favor ou em contribuição própria** (MASCARÓ; MASCARÓ, 2015). Na drenagem, atua com estruturas radiculares diversas, absorvendo os volumes d'água no solo, ou o aerando com o próprio crescimento das raízes (o que também contribui para um escoamento mais leve), ou, ainda, pelos sistemas superiores – folhas, galhos e troncos – arrefece a velocidade da água das chuvas, diminuindo as sobrecargas nos rios e infraestruturas (MASCARÓ; MASCARÓ, 2015).

São também **protetoras contra os ventos mais intensos, deslizamentos e erosões**, segurando as encostas e conectando partes mais frágeis do solo principalmente com suas raízes ou bloqueando com suas estruturas aéreas as massas de ar (Figura 11), que, fortes, perdem a velocidade com o contato (TREES & DESIGN ACTION GROUP, 2012; ROMERO 2013).

Figura 10 – Equilíbrio de cadeias naturais

Fonte: o autor, 2016

No contexto **medicinal-alimentar**, são promotoras de saúde direta aos usuários das cidades, já que a vegetação é composta por **inúmeras espécies das quais nos alimentamos** – verduras (alface, rúcula, agrião etc.), legumes (ervilha, feijão, vagem etc.), frutas (maçã, abacate, manga etc.), tubérculos, grãos, palmitos, raízes – e outras de inegável (ou popular) **qualidade terapêutica**, das quais extraímos chás, infusões e receitas para tratamento paliativo ou de cura de muitas doenças e mal-estares, principalmente relacionados aos sistemas digestivo, urinário e cutâneo (LORENZI; MATOS, 2008). São de suma importância no nosso cotidiano e cada vez estão mais presentes na paisagem urbana como componentes de promoção de convívio comunitário, alternativas para a agricultura latifundiária e qualificação de áreas carentes.

Por fim, abordando o domínio **econômico**, as plantas nas cidades também **possibilitam ganhos financeiros**, que podem ser diretos ou indiretos. Explora-se a agricultura urbana com hortas e pomares, valorizam-se terras com a promoção de áreas verdes, criam-se espaços de práticas de lazer, esporte e hospedagem a partir das mesmas áreas, ou se previne sérias patologias urbanas, como enchentes, ventanias e doenças advindas da falta de tratamento de esgoto ou da poluição do ar, a partir do auxílio de drenagem, barreira e filtragem que a vegetação pode fazer (MASCARÓ; MASCARÓ, 2015). Estes últimos são benefícios econômicos indiretos para as cidades, já que se está evitando problemas maiores futuros, como queda de barreiras ou pessoas precisando ir aos hospitais por conta de doenças respiratórias, por exemplo.

Figura 11 – Cooperação e proteção vegetal física

Fonte: o autor, 2016

Percorrida a extensa carteira de interações da vegetação nas cidades, passamos a entender por que plantar tem sido a regra mais preciosa dos investimentos em revitalização urbana e busca pela sustentabilidade ambiental. Os elementos vegetais atuam em muitos campos e a saúde urbana é claramente afetada, positivamente, pela existência do verde. **Contudo, há limites?**

1.2 VERDE CONFLITUOSO NAS CIDADES: FITOPATOLOGIAS URBANAS

Pensando nesta última pergunta feita no texto, o limite é o tênue fio que divide a extensa e variada lista de benesses, que usualmente nos cega com sua bucólica propaganda árcade, e o natural instinto de sobrevivência vegetal.

A vegetação urbana, como vimos no subcapítulo anterior, é formada por elementos múltiplos, que promovem uma gama de ambiências nas cidades. A depender do porte, morfologia, quantidade e cor, recriamos os espaços urbanos, antes duros e perfilados pela mão humana, modificando as perspectivas e a configuração ambiental (valores térmicos, lumínicos e acústicos), trazendo novas relações entre os usuários e as edificações, entre os transeuntes e as calçadas, e assim por diante (LAMAS, 2014; MALAMUT, 2014).

A intensificação das *"agendas verdes"* urbanas, como novos hábitos da sociedade, tem promovido mais plantios pelas cidades – o que não necessariamente reflete aumento de áreas verdes –, visando qualificar nossas ruas, parques e praças com temperaturas mais amenas e visuais mais amigáveis, ou restabelecer terrenos agricultáveis, conectando-nos novamente a terra. Até mesmo os municípios que não têm programas relevantes na área ambiental possuem habitantes que plantam árvores em casa ou em frente à rua. Temos apelos diversos que nos fazem querer algum tipo de verde perto de nós (normalmente).

Entretanto, apesar da mística e da extensão de literatura contida nos manuais acerca das necessidades de profusão do verde dentro das cidades, com a obviedade das qualidades que a vegetação agrega ao urbano, o que se vê como realidade é uma produção espacial que, muitas vezes, desperdiça as reais potencialidades das plantas. Mais, omitem riscos e trazem gravidade ao contexto das cidades comumente sem a anuência dos próprios difusores

– os planejadores e a população –, o que é bastante preocupante (SILVA, 2014; MASCARÓ; MASCARÓ, 2015).

As plantas, embora não pareçam, são exigentes, e dentro das urbes cobram os mesmos direitos que na natureza – melhor espaçamento entre os indivíduos, quantidade ideal de luz, fartura de nutrientes e facilidades para reprodução (SALVIATI, 1993). Nessa busca ininterrupta por vida, com ou sem ação antrópica, criam-se contextos pouco cogitados por nós – e até mesmo pelos manuais –, que deveríamos prestar mais atenção. São os problemas, **problemas fitopatológicos urbanos**,[3] mas o que viria a ser isso?

Uma definição resumida seria que **fitopatologias urbanas são todas as problemáticas nocivas que se apresentam nas cidades que têm a vegetação como fator-fim ou fator-meio de causa**.[4] Para exemplificar, veja a seguinte situação: após sair do carro, um usuário sobe uma calçada e começa a caminhar. Em pouco tempo ele se depara com um desnível rachado no piso, no qual logo se nota a origem: raízes de uma árvore próxima. Eventos como este são justamente o que estamos querendo descrever.

Essas gravidades podem acompanhar diversos tipos de implantação vegetal nos meios urbanos, traduzindo-se em perturbações paisagísticas culturais, de desconforto ou de riscos (potenciais, com data marcada e/ ou inerentes), por exemplo (SILVA, 2014). Logo, baseado em uma leitura conjunta da **literatura**[5] **de análise espacial, verde urbano e morfologia vegetal**, percebeu-se que tais problemáticas poderiam ser categorizadas em três grandes grupos nas cidades:[6] **fitopatologias**[7] **ambiental-sanitárias, físicas e psicossociológicas**, cada uma com suas particularidades e graus de afetação. As primeiras tratam de problemas relacionados ao microclima,

---

[3] Fitopatologia: aqui esse termo foi emprestado da botânica, referindo-se a doenças, deformações e outros problemas que ocorrem nas plantas (RAVEN, 1992), invertendo-o e o empregando como plantas que causam malefícios à cidade.

[4] Devemos ter somente a cautela de fazer essa análise do verde como um problema posto urbano pelo qual nós, seres humanos, somos os responsáveis quando acontece algo de ruim – é a ação antrópica o principal meio de propagação nas cidades da vegetação, seja diretamente por meio de plantio ou indiretamente. Na natureza isso não ocorre, pois há um equilíbrio, no qual esses problemas são necessários para o prosseguimento do ciclo vital do ecossistema, diferentemente do meio urbano.

[5] Macedo (1992); Salviati, (1993); Kohlsdorf (1996); Sandeville Junior (2004); Lynch (2005); Panerai (2006); AMMA (2009); Costa e Lima (2009); Jacobs (2010); Gonçalves e Lorenzi (2011); CEMIG (2011); Basso e Côrrea (2014); Lamas (2014); Malamut (2014); Mascaró e Mascaró (2015); SMVMA (s/d).

[6] Incomum expor as problemáticas ou demonstrá-las de forma mais holística, esta categorização foi esboçada pela reversão dos benefícios da vegetação, processos empíricos de investigação e costura de temáticas avulsas sobre as plantas.

[7] Infere-se fitopatologias urbanas, mesmo sem a adjetivação.

intoxicações e pragas, as segundas da destruição de elementos construídos e outros transtornos de natureza material, e as últimas os transtornos da apreensão espacial e dos ciclos de atividades da cidade. São interdependentes, podendo ter origens semelhantes e estando associadas a toda a gama vegetal, desde gramíneas até árvores frondosas.

FITOPATOLOGIAS AMBIENTAL-SANITÁRIAS

Embora tenhamos uma cultura milenar de uso de plantas para alimentação, abrigo e medicação (DAJOZ, 1973; LORENZI; MATOS, 2008; MASCARÓ; MASCARÓ, 2015), estamos ainda hoje pouco informados acerca delas, correndo sérios riscos sem ao menos perceber ou desperdiçando grandes potencialidades, principalmente dentro das cidades. Essa utilização com conhecimentos limitados e a falta de planejamento de plantio por vezes gera conflitos de ordem micro ou macro climática nas urbes, como interfere negativamente na saúde dos habitantes – são assim **problemas de ordem ambiental-sanitária**. Estão, portanto, relacionados a esse conjunto fitopatológico urbano aspectos de desconforto térmico, luminoso e acústico, toxidades (plantas com conteúdo venenoso, entorpecente, alergênico, urticante ou corrosivo), abrigo, alimento ou espaço reprodutivo para fauna hostil (peçonhentos ou transmissores de doenças), relações tróficas competitivas exageradas entre a própria vegetação e riscos potencializados de incêndio.

No campo **térmico**, usamos extensivamente a vegetação urbana para arrefecimento das altas temperaturas, umidificação do ar e controle dos ventos nas zonas urbanas: "A vegetação em relação à radiação atua como um filtro das radiações absorvidas pelo solo e pelas superfícies construídas, refrescando os ambientes próximos, uma vez que a folhagem das árvores atua como anteparos protetores" (ROMERO, 2013, p. 97).

Comprovadamente eficaz, a vegetação atua como boa refletora e absorvedora de calor, contudo, na medida em que é mal posicionada e/ou há uma escolha equivocada de espécies, percebe-se eventos em que o verde promove desconforto térmico aos usuários (Figura 12).

Primeiramente, pensando em cidades **quentes**, caso as formações vegetais formem barreiras muito ostensivas – além de anteparo a radiação –, com copas densas ou justaposição elevada de espécies, haverá proteção direta contra o sol, entretanto, ocorrerão eventos outros, como o bloqueio da circulação de ar – prejudicando a saída de sopros quentes e dificultando a entrada dos frios – e o aglutinamento da umidade no local (algo positivo em Brasília e negativo em Belém, por exemplo), até mesmo de noite (SILVA, 2009; ROMERO, 2013; MASCARÓ; MASCARÓ, 2015).

A escolha das espécies é tão fundamental que se deve pensar até mesmo sobre o ciclo anual da arborização, pois quando mais precisamos contar com sua proteção solar, podemos receber insolação direta em uma rua ou edificação em virtude da escolha de decíduas (ex.: Ipês [*Tabebuia* spp.], Cagaitas [*Eugenia dysenterica* DC.], Paineiras [*Ceiba* spp.]). Em cidades de clima mais **ameno** ou **frio**, as barreiras vegetais podem proteger contra a perda de calor, visto o bloqueio de sequestradores térmicos como o vento, mas, a depender da implantação, comprometem o acolhimento de raios solares valiosos ou dinamizam as correntes de ar (ROMERO, 2013; MASCARÓ; MASCARÓ, 2015). As árvores e arbustos decíduos são aliados neste caso.

No campo do **conforto luminoso**, o verde atua como elemento compositivo que vai além da cor, servindo como uma barreira que qualifica a intensidade luminosa recebida nos espaços (ABBUD, 2006; MASCARO; MASCARO, 2015). Novamente, há um pensamento relacionado ao embarreiramento, agora da luz, em que a vegetação, a depender do porte, quantidade de espécies e qualidade de copa (folhas grandes, densidade etc.), trabalha ou atrapalha a visualização do espaço. Quando falamos de fitopatologias, podem ocorrer **sombras indesejadas** para áreas que precisam de boa iluminação solar/artificial, ou maculação luminosa devido às copas de menor densidade (prejudicial a atividades de precisão) (ex.: Flamboyant [*Delonix regia* [Hook.] Raf.), ou, em casos mais graves, um posicionamento tal que provoca **ofuscamento**, principalmente a motoristas de automóveis, aumentando o risco de acidentes (MASCARÓ; MASCARÓ, 2015) (figuras 13 e 14). A sombra criada por esses elementos vegetais modifica a percepção visual que temos do espaço.

Figura 12 – Raios solares abertos, folhagem desnuda

Fonte: o autor, 2014

O terceiro ponto seriam os **parâmetros sonoros**. Em um pêndulo frágil fortemente pautado pelo gosto pessoal, a vegetação nas cidades atua na **produção e atração do som**. Nas urbes, conjuntamente às máquinas e pessoas, plantas mais frágeis ou ações dos ventos provocam o balanço ou a dispersão de elementos ruidosos (estalidos de vagens "crocantes", galhadas em contato com vidro etc.) pelos espaços urbanos, o que pode incomodar transeuntes e usuários menos tolerantes. Ainda acontece a ação de **chamariz da fauna, e com isso, seus sons típicos**: a maioria vai gostar dos assobios de pássaros, porém outros vão odiar o tilintar das cigarras e os berros de alguns desses seres voadores (Palmeiras em geral atraem pássaros). Não é interessante, pensando nos usuários de um hospital de emergências, por exemplo, ter palmeiras que atraiam periquitos, como também não podemos nos espelhar somente nos mais rabugentos no resto da cidade, devendo haver bom senso (ABBUD, 2006; MALAMUT, 2014).

Figura 13 – Sombra excessiva

Fonte: o autor, 2014

Fugindo um pouco dos critérios de conforto, há de se pensar com atenção também nas **toxidades**. A paisagem urbana não está somente restrita aos elementos visíveis, às belezas táteis, pois também estão incurtidos o subliminar e os zeugmas das edificações e dos outros elementos que a compõem, como a vegetação. As **substâncias tóxicas** que certas plantas possuem são mensagens não declaradas – diferentemente das cores e texturas –, mas que devemos ter grande atenção (Figura 15).

Figura 14 – Ofuscamento

Fonte: o autor, 2015

Em um aprendizado ininterrupto em prol de sua própria sobrevivência, muitas vezes o verde precisou se impor frente a outros seres vivos, seja alimentando-os com fins de reprodução, seja erguendo barreiras com espinhos, cascas espessas ou **veneno**, que, segundo o dicionário (FERREIRA, 1986, p.1762), significa "substância que altera ou destrói as funções vitais" – seivas tóxicas, alcaloides venenosos, paralisantes, alucinógenos etc.

Aliteratos ainda hoje sobre o assunto, os habitantes citadinos ainda não enxergam o perigo potencial ao qual estão sujeitos a enfrentar caso toquem ou façam um chá com certas estruturas que possuem esses elementos tóxicos.

Tal conteúdo pode estar em qualquer parte das plantas, sendo de extrema importância seu conhecimento, pois auxiliará no projeto e permitirá um diagnóstico mais rápido quanto à causa de intoxicação caso precise de atendimento:

> Diversas plantas usadas nos projetos de arborização e paisagismo [...] possuem substâncias tóxicas. Apesar de vistosas, servindo como motivo ornamental pela beleza, presença ou qualidade da flor, apresentam perigo para a sociedade. As crianças têm sido alvo da maioria dos casos de intoxicação (LINK apud MASCARO; MASCARO, 2015, p. 113).

E a que estamos sujeitos? Mesmo esteticamente encorpados, certos vegetais podem trazer consigo **tóxicos puros** (cianetos, oxalatos, cicuta etc.) (ex.: Mandioca [*Manihot* spp.], Taro [*Colocasia* spp.]), substâncias de efeitos **entorpecentes** [nicotina, THC, opiáceos etc.] [ex.: Maconha (*Cannabis* spp.], Tabaco [*Nicotiana tabacum* L.]), **alergênicos às vias aéreas ou à pele** (pólens, pelos, espinhos etc.) (ex.: Oleandro [*Nerium oleander* L.]), **látex** (podendo ter diversas funções nocivas) (ex.: Alamandas [*Allamanda* spp.], Avelóz [*Euphorbia tirucalli* L.]) como **urticantes** (substâncias de grande irritação) (Urtiga [*Toxicodendron radicans* [L.] Kuntze]) e **corrosivos** (ácidos e álcalis fortes) (ex.: Comigo-ninguém-pode [*Dieffenbachia amoena* Bull]), que literalmente perfuram o corpo (AMMA, 2008; ALMEIDA, MARTINEZ; PINTO, 2009; LORENZI; SOUZA, 2012). Inclusive, certas **plantas medicinais** causam danos à saúde caso sejam consumidas erroneamente, ou podem trazer efeitos adversos caso confundidas com outras semelhantes (AMMA, 2008; LORENZI; SOUZA, 2012).

Figura 15 – Um leve toque para a eternidade

Fonte: o autor, 2015

Não é observado, assim, o quão fácil é o acesso de um cachorro, um gato ou uma criança, e até mesmo adultos, a esses elementos na malha urbana. A paisagem fica esquecida no plano extravisual e os plantios permitem um fluxo livre por meio de todo o tipo de vegetação, inclusive as que declaramos como de iminente periculosidade.

A mais do que toxicidades, parte do verde urbano, visto sua configuração fisiológica, traz outro dado a ser planejado: **risco de fogo**. Não é somente pelo estereótipo associado à madeira que estamos mais propensos a ter incêndios caso próximos de vegetação; muitos materiais, quando expostos a fiações elétricas, a raios ou a chamas tendem a se desmanchar e a propagar chamas, sendo as plantas, principalmente as dotadas de lenho, somente mais um elemento de contribuição para essa afirmativa. E há outros fatores de risco que devemos ficar mais preocupados.

Algumas plantas, como os pinheiros e ciprestes (*Pinus* spp., *Cupressus* spp., *Juniperus* spp., *Araucaria* spp.), produzem **substâncias** (normalmente óleos contendo Terebintina) **altamente inflamáveis** (PORTANTIOLO, 2012). Enfeites de festa com energia, fiações elétricas próximas e aglomerações dessas plantas, portanto, são potenciais propensores de incêndios. Excesso de folhas secas em zonas de grande radiação solar e baixa umidade é outro problema (em nível urbano) já que é uma predisposição natural da vegetação local (deciduidade), sendo que **certas espécies (caso de muitas do cerrado e da savana africana) instigam o fogo** para matar outras plantas competidoras e quebrar a dormência das suas sementes (HOFFMAN; MOREIRA *apud* MARQUIS; OLIVEIRA, 2002; MIRANDA *apud* SECRETARIA DO MEIO AMBIENTE E RECURSOS HÍDRICOS DO DISTRITO FEDERAL, 2000). Não é comum, nem é fácil de ser evitado, mesmo assim, o projeto, o plantio e a manutenção devem ser consoantes. Caso esse tipo de vegetação fique próximo a cabos energizados ou materiais inflamáveis, aumenta-se o risco de uma pequena diferença eletrostática causar um incêndio em zonas habitadas.

Continuando, agora abrindo mais o leque de estudo, a vegetação nas cidades não é um elemento isolado em si, provocando benefícios e malefícios sozinha, pois também pode se associar a outros indivíduos e estes serem os reais promotores de riscos à saúde urbana e à população. Apesar de se apontar como peculiaridades de certos habitantes da cidade não gostarem de passarinhos cantando, **há casos diferenciados em que, realmente, há um desalinho geral entre a proximidade animal e as pessoas**.

E por que isso? Um dos problemas comuns oriundos da urbanização é o da destruição dos habitats naturais de vários animais e, com isso, a sua migração forçada para as urbes. Eles poderão se refugiar em qualquer canto, incluindo a vegetação urbana. Não só isso, a fauna (não mais silvestre) se alimenta e se reproduz, logo, é cauteloso pensar que, além de proteger mais nossas matas e promover um ciclo menos devastador de urbanização, devemos também pensar em como não permitir que uma parcela desses animais (principalmente os nocivos ou potencialmente nocivos) esteja próxima a nós. Artrópodes, insetos, cobras e roedores adentram ou se alimentam em orifícios, folhagem seca e frutos e flores específicos, cabendo a nós pensar um pouco mais sobre o que estamos plantando, sem, no entanto, afastar a fauna branda (ex.: Pau-formiga [*Triplaris americana* L.] – formigas; Palmeira Washingtônia [*Washingtonia* spp.] – roedores e cobras) (ABBUD, 2006; MASCARÓ; MASCARÓ, 2015) (Figura 16).

Além dessa configuração associativa flora-fauna, cabe ressaltar a própria associação flora-flora, pois **o projeto, a intervenção e o cultivo dos elementos vegetais nas cidades também possibilita interferências entre eles mesmos** (RAVEN *et al.*, 1992). Em processos de competição, parasitismo e/ou amensalismo,[8] o exagero das relações tróficas da vegetação consigo mesma pode se tornar grave ou, no mínimo, incômodo às nossas urbes, pois, no ato de lutarem por melhores condições de luz, nutrientes, fluxo de ventos e visibilidade para reprodução, impedem outras plantas (inclusive jardins inteiros) de terem seu pleno desenvolvimento.

---

[8] E outras relações tróficas que sigam estas linhas.

Figura 16 – Fauna hostil

Fonte: o autor, 2014

Nessa linha reconhecemos, facilmente, as **ervas invasoras e parasitas** (lista bastante extensa, que varia de acordo com o bioma), que facilmente destroem canteiros e árvores, mas devemos também pensar em cadeias mais sofisticadas, em que certas espécies literalmente envenenam seu entorno para crescerem sozinhas (caso dos *Eucalyptus* spp. e *Pinus* spp.) (RAVEN *et al.*, 1992; CANÉ, 2009). Chegamos a esse nível de previsão?

FITOPATOLOGIAS FÍSICAS

Na paisagem urbana há de se lembrar que a vegetação atua também de forma tectônica e construtiva, além do sensorial e percepcional.

Ela trabalha nas diferentes escalas criando pisos, paredes e tetos dentro das cidades, configurando as vistas e os padrões de mobilidade/espaciais onde se encontram (LAMAS, 2014).

Assim, as **problemáticas de origem física** irão de encontro às características de implantação vegetal que ocasionam prejuízos nesses planos com impactos materiais e/ou visuais, interferindo com **agressões diretas ou indiretas. Na gama direta encontramos a deterioração física dos elementos construídos ou vivos ocasionada diretamente pelo crescimento da vegetação (raízes, troncos, galhos etc.); já na indireta há a elevação dos riscos de incidentes**, ocasionada por elementos inerentes ou externos e embarreiramentos visuais e concretos erguidos pela vegetação nas cidades (LORENZI, 2002a; LORENZI, 2002b; ABBUD, 2006; MALAMUT, 2014; MASCARÓ; MASCARÓ, 2015).

No âmbito **direto**, os exercícios de danificação sem intermediários ocasionados pelo verde regem-se em duas direções: **horizontal e vertical** (Figura 17).

As **agressões diretas horizontais são todas as ações nocivas de origem física ocasionadas pela vegetação no plano do piso (subterrâneas ou com pouca altura – até 1 metro)**, estando, principalmente, relacionadas às raízes e às bases dos caules (MASCARO; MASCARO, 2015). Logo, a espontaneidade de certas ervas daninhas, gramíneas ou invasoras (normalmente poáceas ou asteráceas) é um ponto a se pensar nessa área, já que, devido à rusticidade e ao ciclo reprodutivo, são habilidosas em surgir nos pavimentos urbanos, criando desníveis desagradáveis, matando canteiros, afastando elementos ou formando buracos, o que perturba em níveis variados a caminhabilidade da cidade.

Elementos maiores, como árvores, arbustos e palmeiras, também integram essa lista, podendo até se tornarem mais incisivos, visto que plantas com tendência a ter caules mais grossos ou raízes aéreas vigorosas e extensas promovem transformações indesejadas nos passeios e demais calçamentos, até rompendo encanamentos (LORENZI, 2002a; LORENZI, 2002b; AMMA, 2008; COPEL, 2009; CEMIG, 2011; GONÇALVES; LORENZI, 2011; MASCARO; MASCARO, 2015) (ex.: Figueira [*Ficus benjamina* L.], Abacateiro [*Persea americana* Mill.]). Ao se atentar somente à estética, projetar golas diminutas ou não se observar fatores como o desenvolvimento das plantas e as distâncias necessárias das vias, incorre-se a erros desse tipo, visto que nem sempre as mudas plantadas ficarão com o mesmo tamanho do dia do plantio ou certas espécies ficarão restritas às delimitações ofertadas, podendo se espalhar pela área.

Figura 17 – Problemas nos eixos X, Y e Z

Fonte: o autor, 2015

As **agressões diretas verticais já tratam de todas as ações nocivas de origem física ocasionadas pela vegetação em alturas superiores a 1 metro, ou seja, nos planos de paredes e tetos**, estando, principalmente, relacionadas aos galhos e folhas e, também, ao crescimento estruturado em planos verticais (trepadeiras em muros, por exemplo) (MASCARO; MASCARO, 2015). Os elementos vegetais mais altos (árvores, trepadeiras e certos arbustos e palmeiras), assim, podem interferir na constituição física dos postes, fiações elétricas e edificações.

Novamente, ao se atentar somente à estética ou não observar fatores como o desenvolvimento das plantas e as distâncias convenientes dos elementos construídos, faltando, em certos casos, cuidados de podas bem feitas, tais plantas, com suas raízes (trepadeiras), galhos e folhas, tendem a cortar ou a empurrar o que veem pela frente (ex.: Unha-de-gato [*Ficus pumila* L.], Canafístula [*Peltophorum dubium* [Spreng.] Taub.]) (AMMA, 2008; COPEL, 2009; CEMIG, 2011). É de se pensar se é justificável expor qualificações ambientais e artísticas com o verde sem ressalvar quesitos tecnicamente menores, mas que também fazem parte da composição.

O âmbito **indireto** é menos coeso, com articulações mais variadas, mas, conforme exposto anteriormente, trata-se do que potencializa riscos de acidente. Uma delas, **a agressão de movimento, trata de todas as ações nocivas de origem física ocasionadas pela vegetação em deslocamento ágil** (AMMA, 2008; MASCARO; MASCARO, 2015). Nessa categoria, podemos incluir os frutos e folhas, principalmente os pesados (ex.: abacate, manga, jaca e jenipapo), e a fadiga das plantas, por serem pioneiras, de pouca resistência ou de período vital curto (ex.: Embaúba [*Cecropia* sp.], Guapuruvu [*Schizolobium parahyba* [Vell.] S. F. Blake), caindo ou se rompendo com facilidade, sem grandes interferências do meio externo para ocorrer esse fato. A paisagem urbana está recoberta por plantas que se encaixam nesse grupo, servindo de pilares estruturais da composição urbanística (como em Belém, com suas Mangueiras [*Mangifera indica* L.] de frutos pesados cobrindo diversos passeios e pistas), contudo, incorrendo em danos físicos a qualquer momento.

Em um planejamento florístico e urbanístico é inconcebível não se atentar à morfologia vegetal: como podemos expor ruas estreitas ou de grande fluxo a uma vegetação que pode a qualquer momento cair em nossas cabeças? Traços culturais recorrentes continuam a espalhar este modelo nas cidades, cuja beleza ou plenitude ambiental são de fato marcantes, mas com percalços fortemente discutíveis (Figura 18).

Complementarmente, há fatores que não estão diretamente associados às plantas, mas que, mesmo assim, podem causar prejuízos sérios, **os eventos terceiros: pragas, queimadas, terremotos, inundações e ventos fortes**. Quando plantamos nas cidades, devemos prestar atenção também a situações que estão fora do nosso controle imediato, pois o verde, assim como os pavimentos e prédios, pode não resistir e entrar em colapso. No planejamento vegetal, normalmente não prevemos tsunamis, encontros de placas tectônicas, incêndios ou furacões, e isso ocorre devido à pequena incidência desses fatos durante os anos. Contudo, quando ocorrem tais hecatombes, ou casos mais leves, sempre vemos uma grande quantidade de plantas arrancadas do chão.

Figura 18 – Chuva de temporada

Fonte: o autor, 2015

Ainda, **há outros casos em que, baseado em uma pré-disposição, não se necessita de uma hecatombe para ocorrer graves problemas**.

Algumas plantas, com folhagem diminuta e decídua (ex.: Sibipiruna [*Caesalpinia pluviosa* DC.]), como outras de raízes pouco resistentes (Pau-balsa [*Ochroma pyramidale* [Cav. ex Lam.] Urb.)], em vias com bueiros ou em terrenos frágeis, respectivamente, potencializam a olhos vistos entupimentos que virarão enchentes ou deslizamentos quase inexplicáveis em áreas até bem vegetadas (CAXAMBU *et al.*, 2015; MASCARÓ; MASCARÓ, 2015). Há, também, as que são mais propensas ao ataque de pragas e, com isso, mais factíveis a um falecimento precoce, com a consequência de queda. Importante destacar mais um fator: podas malconduzidas ou feitas em plantas que não suportam o desbaste: ficam frágeis, expostas e perdem seu ponto de equilíbrio, podendo viver vários anos, como cair em minutos.

Nos eventos fortes, realmente, pouco pode ser salvo, mas, em casos mais amenos (que ainda assim causam destruição e mortes), pode ser evitada parte dos danos ocasionados pela vegetação: será que aquela árvore de grande porte é suportada por aquela rua? Como está a saúde dela? Será que ela é resistente às fortes chuvas que poderão ocorrer? A beleza e sombra ofertadas por aquela árvore já senil justificam-se? Difícil ver esse tipo de previsão, acompanhamento e discussão nas implantações urbanas (Figura 19).

Partindo agora para detalhes diferenciados da destruição material em si, temos cenários como os **elementos de corte** e os **impedimentos físicos-visuais**.

Sobre o primeiro, a vegetação, além da toxicidade, pode tentar se defender de outras maneiras, sendo, muitas vezes, complementares a essas substâncias. Diminutas ou bem visíveis, chamamos essas proteções de **folhas serrilhadas**, **espinhos** e **acúleos**, cujo fato principal relacionado a essas estruturas é o da dor física que podem provocar em caso de contato (ex.: Agaves [*Agave* spp.], Coroa-de-Cristo [*Euphorbia milii* Des Moul.]).

Mesmo potencialmente perigosas, nas cidades, são comumente usadas plantas dotadas desses elementos perfurantes, como cercas e muros verdes, no intuito de proteger edificações ou restringir usos, ou é plantada uma flora espinhosa para ornamentação de espaços sem proteção, muito próximas de áreas de estar e circulação, transformando os espaços por elas habitados em paisagens urbanas hostis (Figura 20) e de pior caminhabilidade (MASCARÓ; MASCARÓ, 2015).

Os elementos vegetais **podem também estar organizados de forma a interferir na caminhabilidade/dirigibilidade urbana** sem necessariamente se dotar de espinhos (VELOSO *et al.*, 2014).

A urbe de que falamos é regrada não somente por edifícios, mas também pelas vias que a organizam, sendo que tais vias, norteadoras e divisoras da cidade, dão aporte aos movimentos diários e são nelas onde ocorrem os principais eventos urbanos (LYNCH, 2005; LAMAS, 2014). Sendo assim, para um caminhar ou movimento aprazível, com o mínimo esforço e o máximo de segurança, é importante não haver empecilhos visuais ou barreiras bloqueando o passeio. Parte dos problemas que encontramos nesse sentido se origina da equivocada implantação de arbustos e árvores, sem o cuidado necessário para se evitar sustos e acidentes (IBAM/CPU, 1996; VELOSO *et al.*, 2014; MASCARO; MASCARO, 2015).

Figura 19 – Quanto maior a altura, maior a queda

Fonte: o autor, 2015

No âmbito **visual**, é comum ver o **verde de médio e grande porte impedindo motoristas, ciclistas e pedestres de visualizarem tanto a sinalização (semáforos e placas de trânsito) como a continuidade das vias (rotatórias e curvas) e das faixas de pedestre**. Quando o verde encobre as visuais ou o mobiliário de aviso urbano, está dificultando ao transeunte/motorista saber o que virá pela frente, diminuindo seu tempo de reação. Apesar de ser um artifício lúdico em jardins ornamentais, em espaços de maior circulação ou conflitantes entre o trânsito de carros e de pessoas, isso se torna impraticável, imbricando cuidados ainda maiores ao se atravessar pistas, por exemplo (Figura 21).

Figura 20 – Kraken espinhento

Fonte: o autor, 2015

Figura 21 – Caminho duvidoso

Fonte: o autor, 2015

Já no âmbito dos **impedimentos concretos, a vegetação também pode comprometer o livre andar das pessoas**. Por vezes, isso é proposital e agradável – certos casos de cercas vivas e extensos canteiros servem de barreira bela e direcionam os fluxos. Outras vezes, isso vai de encontro às leis e ao próprio desejo dos transeuntes, não permitindo andar por onde realmente desejam. O excesso desses muros vegetados, como a espontaneidade e a falta de planejamento, podem criar circunstâncias desagradáveis, devendo os usuários percorrer maiores distâncias ou desviar dos obstáculos. Em ambos os casos, a paisagem empírica e visual é prejudicada de alguma forma pela falta de planejamento.

FITOPATOLOGIAS PSICOSSOCIOLÓGICAS

Dentre os grupos levantados, não podemos desconsiderar o terceiro, que menos permeia o pensamento dos técnicos,[9] mas que influencia diretamente as pessoas e as conexões nas urbes (FARAH, 2004) – o campo **psicossociológico**. Essa área está relacionada às percepções/sensações em referência aos espaços e aos ciclos de atividades da cidade que temos associadas à multidisciplinar vegetação. Há um estreitamento entre o que é nossa inteligibilidade espacial e as perturbações que certos elementos vegetais podem provocar a depender da implantação ou o que se afeta a paisagem urbana em seu contexto adimensional. A paisagem, assim, pode ser altamente prejudicada, tanto no sentido panorâmico quanto no amplo sentido cultural, já que a vertente plástica e de agradabilidade proposta pelo verde é deturpada.

Apesar de normalmente nos sentirmos acolhidos pelas flores e o semblante suave que os estratos variados têm, a vegetação também está propensa a potencializar sensações avessas ao que usualmente esperamos, como **medo e afastamento até asco e desnorteamento**. É algo que tem se tornado natural na medida em que a sociedade evoluiu para um status quo cada vez mais individualista (LEITÃO, 2005), como por processos particulares de implantação vegetal.

Quanto ao **processo segregacionista**, tal expressão pode ser transmitida por muramentos que tornam nossas ruas habitats cada vez mais cegos, de sensação desconfortante de imprevisibilidade ou com afastamento dos usuários do caminho mais lógico (KOHLSDORF, 1996; TELES, 2005; JACOBS, 2010):

---

[9] Considerando respostas e soluções de infraestrutura urbana nas quais a paisagem não é considerada como um todo, separando o contexto também sensorial e cultural.

> Do ponto de vista da produção da paisagem edificada da cidade brasileira, a distinção que esses ambientes, segregados e segregadores como poucos, perseguem se expressa em espaços que não se integram com o entorno onde estão fisicamente inseridos, que não se misturam com o resto da cidade. No que diz respeito à configuração urbanística constituem-se, portanto, em espaços guetos, em enormes bolsões edificados, apartados dos espaços que os circunda, assentados, muitas vezes, no ambiente construído, como elefantes em lojas de louça. (LEITÃO, 2005, p. 13).

Padrão que as urbes contemporâneas têm passado, há uma vertente de crescimento desses bloqueios, fechamentos e demais confinamentos das edificações, normalmente pautada por um pensamento dos habitantes de se protegerem[10] ou aumentarem a privacidade – que, na prática, tem se mostrado um processo nefasto para a globalidade urbana (JACOBS, 2010; HOLANDA, 2013). **E o que a vegetação tem a ver com isso?**

Como elementos compositivos da paisagem, usam-se as plantas para delimitação espacial – os *"tapumes verdes"* –, pois, junto aos tijolos, os elementos vegetais são físicos e, assim, conferem interferências na circulação conforme a disposição (TELES, 2005). Entre o cinza nu do cimento ou as folhas coloridas, as segundas trazem uma sensação bem mais confortável aos transeuntes que passam próximos, mas, embora mais aprazíveis do que os cercamentos construídos, continuam sendo muros fechados, e seu o exagero leva a "espaços cegos" de divisão (HOLANDA, 2013).

Nessa linha de pensamento, mais do que dividir lotes de espaços livres públicos, **os muramentos vegetados também geram a sensação desconfortante de imprevisibilidade sobre o que acontece a seguir**. Embora belo como elemento individual, esse verde estabelece um bloqueio visual forte entre a rua e o que a deveria preencher (Figura 22), sendo sua paisagem monótona uma configuração de negação entre os habitantes e as vias, em que, além de não haver diálogo, potencializa-se uma das piores sensações para quem caminha: o **medo** (JACOBS, 2010; HOLANDA, 2013).

---

[10] No sentido amplo da palavra: resguardar e separar.

Figura 22 – O que há atrás da selva?

Fonte: o autor, 2015

Sem janelas e portas, como comércios e pessoas, parece que ninguém poderá ajudar em um caso de um roubo ou de uma briga:

> Uma rua movimentada consegue garantir a segurança; uma rua deserta não. [...] Devem existir olhos para a rua [...] Os edifícios de uma rua preparada para receber estranhos e garantir a segurança tanto deles quanto dos moradores devem estar voltados para a rua. Eles não podem estar de fundos ou com um lado morto para a rua e deixa-la cega. (JACOBS, 2010, p. 35-36).

Esse efeito é similar, apesar de não tão segregativo, quando existem **bordos muito densos de arbustos e árvores dentro da cidade sem os devidos equipamentos** – desde iluminação a uma vivência real de pessoas próxima ao local.

Embora criem bolsões interessantes para a fauna e respiros para o cinza das construções, tais fenômenos também podem potencializar sensações de insegurança devido às sombras e às próprias estruturas físicas dos elementos vegetais, ou, efetivamente, encobrir meliantes ou animais peçonhentos:

> Pensemos em Versalhes: passagem da floresta tenebrosa – onde Charles Perrault perderá os Pequenos Polegares e que preencherá de bruxas, ogros e lobos – para os grandes espaços claramente organizados dos parques e dos canais. Num canto, árvores de ramagens desordenadas fazem caretas com todas as suas sombras entregues aos terrores noturnos. Nenhuma civilidade linguística vem atenuar esses lugares inomináveis. (CAUQUELIN, 2007, p. 132).

Prosseguindo, o retalho espacial não se restringe ao completo fechamento visual e a elementos altos, como o que se expôs até aqui. Podemos influenciar todo um contexto urbano com detalhes aparentemente menos impactantes, mas ainda assim formadores de novos fluxos e paisagens. **Um exemplo disso são as barreiras vegetais baixas, que criam segregações brandas**. Tais intervenções espaciais, como a implantação de cercados com Pingo-de-Ouro (*Duranta erecta* L.) topeados, permitem aos usuários a visualização dos espaços ajardinados e construídos próximos, o que não cria a sensação de medo pela imprevisibilidade, mas geram impedimento ao livre acesso a locais nos quais não faz sentido tal bloqueio (Figura 23), continuando o ciclo de segregativo (TELES, 2005).

Há, também, outros muros hereditários ainda mais baixos e psicológicos, caso das divisões rasteiras gramadas, que apesar de não serem impedimentos visuais ou físicos, não permitem a entrada. É o "ouro vegetal", o qual quem implanta reforça a ideia a quem passa por perto de que não se deve cogitar pisar nesses espaços.

A exceção de terrenos públicos e parques, deixam nas cidades um legado de boas gramas pisoteáveis com plaquinhas de "Não pise na grama" separando muitos ótimos lugares para circulação. Esse tipo de empoderamento só nos leva a espacialidades regidas pela **inatividade**, a qual se perde um grande potencial de usos e atividades em tais áreas para prover uma contemplação ineficaz de exigente manutenção (TELES, 2005).

Figura 23 – Sentido único

Fonte: o autor, 2014

São grandes vazios vegetados urbanos – vazios provocados e por que não classistas. Não se trata de zonas arborizadas públicas espalhadas pela cidade ou canteiros centrais floridos, pois estes têm funções imprescindíveis, como sombrear, equilibrar e proteger zonas conflituosas entre a natureza e o urbano ou bloquear percursos transversais em vias de trânsito de automóveis, mas, sim, grandes gramados contemplativos e enormes jardins desconexos ou sem uso.

Existem barreiras, no entanto, que moldam os volumes urbanos com parâmetros além do simplesmente segregador e potencialmente inseguro. Os espaços livres vegetados podem, então, tornarem-se, literalmente, **hostis** aos que estão próximos.

Desejo inato de quem construiu ou mais uma forma de proteção, **isso ocorre quando temos excessos de vegetação espinhosa ou cortante próximas aos percursos cotidianos**. Essas áreas são facilmente apreendidas como locais onde não devemos estar, tocar ou estar próximos, já que desde bem jovens codificamos elementos pontiagudos como sinais de perigo. Assim, quando estamos diante de um muro erguido com Coroas-de-Cristo (*Euphorbia milii* Des Moul.) ou de cactáceas e agaves, que são notáveis pelos seus elementos perfurantes, temos a reação natural de nos preservarmos e nos distanciarmos. O fluxo se modifica completamente, como a paisagem urbana, pois, por mais que as floradas, as cores e o desenho escultural possam nos atrair, continuamos com receio de proximidade visto a agressividade marcante que tal vegetação se apresenta no espaço (Figura 24).

Figura 24 – Um caminho desagradável

Fonte: o autor, 2015

Tais separações, seja como forem, como frisou Jacobs (2010), são prejudiciais. Apesar de preservarem os jardins (materialmente) e darem certa privacidade e segurança psicológica a quem está dentro dos cercos, diminui a vitalidade urbana, obriga a se fazer percursos mais longos e potencializa preconceitos que poderiam já ter sido ultrapassados nas urbes.

Além da segregação e insegurança, que nos causam certo afastamento e que criam encontros entre o verde e a cidade já menos oníricos, há outros tipos de ocorrências que modificam negativamente nossa apreensão do espaço. Quando não nos sentimos confortáveis em um ambiente com vegetação, temos um efeito avesso a sua proposição natural, que é quando plantamos, de tornar o espaço mais aprazível. **Um primeiro ponto seria a preterição espacial por eles não serem belos, tendo como principal argumento o estado de conservação da vegetação local**. O verde tem funções estéticas claras, pode ser usado em diversos tipos de composições que estimulam os sentidos paisagísticos, porém, com o tempo, a maioria das plantas perece, perde o brilho, as floradas diminuem ou as folhas amarelam e caem, tornando-se ainda mais latente com a baixa manutenção e o regime solar inadequado (CANÉ, 2009). Assim, quando os espaços livres estão permeados por uma vegetação nesse estado ou grandes quantidades de plantas *"espontâneas"*[11] e frutos em decomposição, tendemos a querer nos distanciar, como fazemos quando estamos próximos de canalizações de esgoto ou prédios denegridos. Logo, o erro comum é não observar a validade ou não cuidar para que a vida útil vegetal seja cumprida – jardins de inverno europeus são anuais, não insistamos em esperar floradas diárias.

Devemos, também, pensar no que podemos chamar de **excessos e espacialidades pessoais**. No campo estético, talvez menos do que na religião, política e esporte, a discussão também não é coesa. O que vemos nos desfiles de Paris certamente não é uma unanimidade, e o mesmo conceito pode ser empregado com a vegetação. Uma fileira de oitizeiros (*Licania tomentosa* [Benth.] Fritsch.) com copas recortadas em paralelepípedos provoca, ao mesmo tempo, asco em uma parcela de transeuntes, como se revela um primor de beleza e cuidados para outra parcela. Isso se repete com a inserção ingênua de muitos moradores de vasinhos e mudas nas calçadas e varandas – como um espaço coletivo, pensamos na influência das nossas ações de forma coletiva? Há de se ter intervenções da população no meio urbano, pois isso gera vitalidade na cidade, mas a pessoalidade, no caso, a existência de certas plantas, com ou sem excesso e planejamento, pode afetar de forma negativa a apreensão física e visual de dada área.

---

[11] São as chamadas ervas daninhas e outras espécies resistentes, que rapidamente invadem terrenos baldios e lotes vazios, ou até mesmo calçadas e pistas de rolamento, criando, normalmente, uma codificação, dentro das cidades, de desleixo. A depender do olhar do crítico, vê-se como uma vitória da natureza sobre a tectônica, que pode ser bela em certas circunstâncias e configurações, contudo, mostra o quanto não cuidamos de tal espaço.

Saindo do campo da pura plástica, **os espaços e as áreas verdes podem também se tornar desconfortáveis pela monotonia que invocam**. É chato (este é o adjetivo) estar em um ambiente em que tudo é igual por um longo período – é no mínimo atordoante. Extensas áreas muradas por figueiras topeadas ou por buxinhos e ciprestes recortados se tornam cansativas e labirínticas com o tempo de permanência, causando o que comentamos como imprevisibilidade, mas também revelando somente muros opacos sem vida. Apresentam-se como os condomínios fechados de hoje, com suas cercas intermináveis, onde o caminhar em volta se torna uma tarefa de percorrer sem estar, cuja paisagem é fragmentada em poucos códigos e em um ângulo visual muito limitado. É tudo verde escuro e brilhante, é a mesma planta se repetindo em planos iguais por grandes percursos, sem diferenciação de alturas, texturas e cores.

O uso extensivo de uma só planta por longos trechos e os outros exemplos dados diminuem a vitalidade urbana, como se observa em grandes zonas com o mesmo tipo de uso (JACOBS, 2010) (Figura 25). Áreas dotadas somente de habitações, sem espaços de lazer e comércio próximos, normalmente têm seus espaços públicos vazios e, consequentemente, desinteressantes.

Por fim, há processos em que a inteligibilidade espacial difere das qualidades sociais e entra mais a fundo no campo **topoceptivo**: um espaço pode não ser agradável não por questões estéticas ou de insegurança, mas pelo usuário se sentir confuso ou desnorteado frente a um local vegetado. A espacialidade esperada é a que traduz signos reconhecíveis, pelo menos nos caminhos habituais (LYNCH, 2005) e, assim, permite o trânsito e o retrânsito em tais lugares, onde as peças arquitetônicas e não arquitetônicas orientam-nos (KOHLSDORF, 1996). Espera-se, portanto, que o uso de elementos únicos, maciços imperativos, e a pessoalidade de cada lote façam de cada rua, quadra ou quarteirão locais reconhecíveis dentro das cidades e dentro de si próprios, sendo o verde um importante fator de transformação e marcação (LYNCH, 2005).

Porém, é notório como também adotamos posturas que nos levam a espacialidades completamente inócuas, em que se perder é uma regra e não uma opção. Os elementos vegetais, assim como os muros cegos que se aglomeram nas urbes, podem também participar dessa desapreensão quando temos os longos trechos de cercas-vivas altas ou a repetição demasiada de dada árvore (HOLANDA, 2013) – como em uma plantação de eucaliptos, duas avenidas próximas, ou até dentro de um círculo de uma mesma cidade, não deveriam ser configuradas por caixas viárias rigorosamente semelhantes unidas pela implantação de um verde gêmeo, pois se perde o único e especial e incorre a erros de localização dada a mímica espacial.[12]

Compensa, ainda, comentar acerca de outro problema identitário que pode ter a vegetação como desencadeadora: **a desconfiguração da linguagem físico-cultural urbana**. Apesar de não se tratar de um ponto topoceptivo prejudicial em nível micro, ou seja, usuário e rua, usuário e logradouro, tal situação se vê perniciosa frente a uma inteligibilidade mais global, em status de cidade. E por que isso ocorre? Melhor, do que se trata?

Pensemos: toda urbe tem sua própria cultura, está inserida em contexto de bioma, sotaques, formas tradicionais e avanços tecnológicos, vivência e construção únicos ou compartilhados com uma região próxima, porém, com o processo cada vez mais acelerado de miscigenação dada à globalização, os saberes estão se misturando. Essa troca cultural, perante a conversa que estamos tendo, advém de vegetais exóticos para dadas regiões, as quais, por motivos de composição, herança ou associação de determinados valores, chegam a cidades estranhas a eles. Nossos jardins, assim, vêm se carregando de composições puramente estéticas, que podem ser consideradas plausíveis ou esdrúxulas (MALAMUT, 2014). Pinheiros no lugar dos coqueiros nas praias de Fortaleza são inimagináveis, assim como helicônias e guaimbês em uma praça da Sibéria e Rússia também são impensáveis (MALAMUT, 2014).

---

[12] No Brasil, mangueiras, jambolões e oitizeiros são plantas largamente utilizadas na arborização urbana. Logo, é fácil observar ruas e avenidas utilizando extensos renques do mesmo tipo de árvore – não necessariamente de uma forma errada.

Figura 25 – A inebriante perspectiva infinita

Fonte: o autor, 2015

Isso são exemplos extremos, contudo, os massificantes são os mais presentes e que causam as maiores perdas de identidade urbana. As urbes brasileiras estão carregadas de pingos-de-ouro e palmeiras africanas e asiáticas, com uma ou outra reminiscência de verde original. Isso é bastante prejudicial, visto que se perde a herança local (algo que Burle Marx fez com maestria por toda sua vida, trazendo a poética nativa para dentro dos jardins brasileiros), o contexto, em que não mais reconhecemos uma cultura regional, mas uma lembrança constante de terras que não a nossa.

O efeito artístico sempre deve prevalecer frente ao *in loco*? Qualidades aromáticas, medicinais e alimentícias talvez justifiquem maiores padronizações, mas não é o que hoje ocorre.

***

Imaginamos tantos fatores negativos em relação ao verde nas cidades? Normalmente não. Isso é uma das razões para a vegetação urbana ainda ter dificuldades em ser entendida, usada e espalhada de forma correta, até mesmo apreciada. São tantas árvores quebrando as calçadas e interferindo nas fiações elétricas que há certo receio em cogitar plantar algo em frente de casa, deixando para alguns poucos interferir com hortas e covas pelas zonas urbanas. E, claro, os outros comentários, mais leves ou gravíssimos, que avançam além do campo físico. Os benefícios são claros e múltiplos, mas não devem ser onipotentes.

Agora, cabe analisar onde há as maiores interferências, onde o cotidiano urbano é mais presente e as vivências diariamente são comprometidas – favorável ou negativamente – pela vegetação. Sem isso, como entender de fato por que há um problema? Esse local é a **rua**.

A RUA E O AJARDINAMENTO

2.1 RUAS E A CIDADE

Nas cidades, percebe-se que parques, áreas de preservação ou rurais intra-urbanas são espaços onde a vegetação, que descrevemos no capítulo anterior, majoritariamente é a protagonista, onde a paisagem é revelada em seus mínimos detalhes pela ingerência dos fatores naturais e há a ocorrência cíclica de aves e panoramas verdes. São maciços de flora e fauna propriamente ditos. Contudo, dentro das urbes, as pessoas não moram ou exercem a maior parte das suas atividades nesses locais, a vivência urbana desenvolve-se afirmativamente, ativamente, onde a cidade se constrói, por onde se circula e se comunicam os horizontes interpessoais (WERF *et al. apud* KARSSENBERG *et al.*, 2015).

A rua, assim, é o local em que mais fortemente são assentadas tais conexões e intersecções sociais, o espaço público fundamental de múltiplas configurações que conforma o desenho e a expressividade construída e humana das pólis (BESSE, 2006). Esses fatos a tornam um dos ambientes mais relevantes para estudo urbano e, no caso desta obra, o local onde a vegetação mais pode interferir nas cidades, apresentando-se de forma diferente, mas igualmente fundamental, da natureza, ora como elemento compositivo, ora como objeto tectônico ou auxiliar, pontual ou extensiva, mas não puramente panorâmica e ambiental (FARAH, 2004; LAMAS, 2014).

Logo, para se estabelecer os diálogos que prevemos entre o verde e a rua, deve-se, antes, avançar no entendimento desse elemento urbano escolhido como suporte de pesquisa. Assim como a vegetação que qualificamos anteriormente como muito além de um simples conjunto de plantas, o espaço do cotidiano rua não poderia ficar restrito ao verbete "caminho público em uma cidade ladeado por casas, prédios ou muros" (FERREIRA, 1986, p. 1525). Apesar de também sê-lo, podemos melhor descrevê-la como um elemento organizador das cidades que permite trânsito, sociabilidade e suporte de atividades, estando circunscrita entre objetos construídos e naturais, sendo meio de comunicação e base física para todo o conjunto urbano (BESSE, 2006; PANERAI, 2006; LAMAS, 2014).

Ela é um dos principais elementos morfológicos presentes nas urbes e suporte estrutural da configuração urbana (forma, desenho e paisagem) (LAMAS, 2014). Assim sendo, tem um papel fundamental na orientação, locação e sistematização do meio urbano, trabalhando na costura dos outros elementos geográficos e por si só se apresentando como uma espacialidade única (LAMAS, 2014). É o coração da urbe, não suas edificações propriamente, o que, nesse sentido, torna cada elemento compositivo parte de heranças morfológicas importantes que traçam uma história, uma rotina (os trens, as praças, as edificações emblemáticas, etc.), que trazem paisagens diferenciadas (BESSE, 2006; LAMAS, 2014):

> A rua e a praça são os melhores lugares para aprimorar a sociabilidade, são espaços onde se experimenta a vivacidade, a capacidade de uma população de viver intensamente suas relações públicas.
>
> [...]
>
> A rua é, naturalmente, o lugar por onde se passa e onde passa: é o espaço de trânsito e transporte, o canal de viagens orientado para um objetivo a partir de um ponto de origem.
>
> [...]
>
> Mas a rua também é um lugar onde você anda, ainda mais quando você quer passear, sendo um espaço de exposição, onde é reproduzida a questão da acessibilidade. Exposição de produtos e serviços na cidade, visíveis nas vitrines onde paramos, ou ao longo do qual se progride lentamente. (BESSE, 2006, p. 7, tradução nossa).

Eis, de fato, um espaço público por natureza, o qual temos a reprodução do cotidiano urbano.

Dada essas descrições, o que compõe uma rua? É comum encontrarmos certos elementos que a configuram e a definem. São exemplos o suporte físico, os passeios e/ou pistas de rolamento, as edificações, a vegetação, o mobiliário urbano, os lotes vazios e os espaços livres conexos. Cada um agrega características únicas às ruas e as fazem o que elas são:

- O suporte físico trata do solo de inserção das vias, definindo a inclinação delas, o que gera percepções e enquadramentos únicos para cada angulação e materialidade. É importante salientar que as ruas podem estar em cima de rios e lagoas, próximas ao mar ou em cadeias montanhosas (Figura 26, Número 1), o que confere outras relações entre o passante e o caminho (LAMAS, 2014).

- Os passeios (Figura 26, Número 2) e as pistas de rolamento são os primeiros elementos a cobrirem o suporte físico nas ruas, preenchendo-as com materialidades usualmente cimentícias e asfálticas. Dão-nos o primeiro contato com escalas, mesmo que somente no plano horizontal, e permitem o trânsito dos automóveis, trens, bicicletas e pedestres (JACOBS, 1995; BEN-JOSEPH; SOUTHWORTH, 2003).

- As edificações (Figura 26, Número 3), normalmente, configuram a forma desses espaços mais contundentemente, expressando qualidades de fachada, cores, marcos, gabaritos, enquadramentos e relações de escala graves ou amenas. Além disso, atribuem usos e norteiam as funções da rua, com fileiras de prédios comerciais atraindo um público, ambientes mais residenciais outras pessoas e assim por diante (um espaço é industrial, hoteleiro ou de uso misto devido aos usos das edificações). Há, também, uma relação de quantidade, visto os fluxos e os tipos de transportes atraídos por tais construções (densidades), que também implicam em vitalidades urbanas diferentes (BESSE, 2006; JACOBS, 2010; LAMAS, 2014).

- A vegetação (Figura 26, Número 4) em uma via urbana exerce papéis igualmente centrais que elementos construídos, embora tenha características únicas. Oriunda de paletas diversas, expressas por cores, diâmetros, alturas, formas e materialidades diferentes, expõe dinâmicas paisagísticas e morfológicas importantes nas ruas, definindo focos visuais, enquadramentos, parâmetros ambientais novos (no sentido climático e sensorial) e escalas variadas. Ruas vegetadas têm sua apreensão inversamente proporcional a outras somente regidas por prédios, pois a vivência e percepção diante de elementos naturais distribuem-se de maneira mais leve e aconchegante na medida em que vemos mais árvores e jardins no espaço, por exemplo, o que normalmente não ocorre com ruas excessivamente construídas, com edificações altas e envidraçadas, onde nem mesmo o céu é visível (JACOBS, 1995; LAMAS, 2014; MASCARÓ; MASCARÓ, 2015).

Figura 26 – Elementos da rua

Fonte: o autor, 2017

- O mobiliário urbano (postes, bancos, lixeiras etc.) (Figura 26, Número 5) também é relevante em uma rua, já que auxilia nos fluxos, permite usos que não necessariamente uma edificação teria, estabelece quadros de comunicação, com cores e signos diversos, cria focos perceptivos e contribui nas proporções de escala que temos diante do espaço.

A paisagem das ruas está diretamente associada a esses elementos (JACOBS, 1995; BESSE, 2006; LAMAS, 2014; KARSSENBERG et al., 2015).

- Lotes/terrenos vazios e espaços livres ligados às vias urbanas (praças, largos, orlas etc.) (Figura 26, Número 6) são fontes de outras configurações para as ruas. Definem escalas muito diferentes das edificações, a começar pelos planos visuais (linha do horizonte x altura dos prédios), mais amenos. A rua perde parte do status de agente principal norteador e se abre, como se englobassem tais espaços, adquirindo características novas e ampliando suas conexões/panoramas visuais (LAMAS, 2014).

A RUA COMO PROCESSO HISTÓRICO

As ruas são complexas e longevas, pensando num contexto mais amplo e global, claro, no percurso histórico que as fizeram estarem presentes aqui até hoje (BEN-JOSEPH; SOUTHWORTH, 2003). Desde os primórdios da existência do homem houve algum tipo de caminho que se tornou habitual, seja para caçar, seja para ir para terras mais quentes e ter filhos, e isso, com o tempo, foi se desenvolvendo para aquilo que hoje encaramos como via (PANERAI, 2006) (Figura 27): "Fruto do percurso dos animais, dos homens e de suas caravanas, o caminho organiza o território desde tempos imemoriais – desde os tempos dos pastores e dos nômades, dos primeiros agricultores e dos primeiros conquistadores" (PANERAI, 2006, p. 18).

Passada a pura habitualidade, pelo menos para o ser humano, com o fim do nomadismo e a vinda do sedentarismo, a rua torna-se chave latente para a organização espacial, já que se definem trilhas que ligam as tribos ou a própria divisão dos territórios.

O caminho é primordial nesta discussão, já que promove diversos tipos de interação entre culturas diferentes e espacializa, juntamente com os abrigos, a nova morada do homem (NUTTGENS, 1997; PANERAI, 2006):

> O caminho conduz de um ponto a outro, de uma cidade a outra, de uma região a outra, bem como dá acesso, de um lado e de outro, a terrenos, campos, lotes, lugares habitados. O cruzamento, o vau, a parada obrigatória engendram o comércio. Segue-se o sedentarismo. Nasce a cidade (PANERAI, 2006, p. 18).

Figura 27 – Caminhos ancestrais

Fonte: o autor, 2017

Organizando cada vez mais os fluxos e os limites territoriais, passam-se eras e culturas, com aprendizados e valorações diferenciadas, que vão agregando qualidades às ruas. Inicialmente, em termos de espaços intraurbanos, a via se comporta para receber caminhantes e animais quadrúpedes, permitindo, com os avanços das tecnologias, a entrada de carroças e carruagens em um segundo momento (BARRACLOUGH, 1995; BEN-JOSEPH; SOUTHWORTH, 2003; PANERAI, 2006). Se fora das vilas o caminho era o percurso do comércio e da guerra, dentro constava como ordenamento real, guia até as edificações mais importantes, não se traduzindo em trajetos fundamentais para a população em suas relações básicas interpessoais (como ainda se percebe em muitas urbes árabes contemporâneas, onde persiste certo sincretismo de espaços públicos e casas, em uma indefinição de ambientes) (BENEVOLO, 1997). No Egito e parte da Mesopotâmia, trabalhou-se com esse traçado claro e soberbo direcionado para os templos, por exemplo, com certa quadrícula na definição de outros espaços (BENEVOLO, 1997; NUTTGENS, 1997).

Pensando mais à frente, gregos e romanos já esboçavam um trabalho impositivo de sua cultura filosoficamente evoluída e armamentista (principalmente os segundos), com malhas ainda mais ortogonais configurando seus pensamentos e dominação (BARRACLOUGH, 1995; BENEVOLO, 1997; BEN-JOSEPH; SOUTHWORTH, 2003). A organização mais próxima da malha xadrez facilitava a comunicação com todas as áreas da cidade, era de fácil aplicação e as ruas tinham melhor definidas suas atribuições, como ligação com os templos e ágoras ou serviços coadjuvantes, de maior ou menor escala física (BENEVOLO, 1997): "Os padrões de design de ruas que temos hoje derivam de raízes de práticas antigas e de tecnologias de arruamentos e edificações. Os padrões romanos de arruamentos e pavimentação alicerçaram as fundações para as técnicas e desenhos dos passeios modernos" (BEN-JOSEPH, SOUTHWORTH, 2003, p. 17, tradução nossa).

Na Idade Média (Figura 28), visto um grande interesse de proteção, os arruamentos vão se construindo em ordens orgânicas e estreitas. A rua retroage como elemento central das cidades, tendo o caminho externo aos feudos uma significância maior do que as malhas internas (BARRACLOUGH, 1995; BENEVOLO, 1997; BEN-JOSEPH, SOUTHWORTH, 2003):

> Muitas cidades estavam contidas por muros e algumas ruas principais se dirigiam dos portões até centros focais. Os caminhos internos locais eram meramente passagens estreitas definidas por paredes de edificações e arcadas. As ruas eram pavimentadas com pedras e raramente incorporadas escadas para facilitar o movimento dos pedestres. (BEN-JOSEPH; SOUTHWORTH, 2003, p. 20-21, tradução nossa).

Com a abertura comercial e científica, as cidades ganham novo fôlego e desencadeiam um grande progresso (BENEVOLO, 1997; NUTTGENS, 1997). O caminho, antes enclausurado ou destinado à pura ligação, volta-se profundamente para a visualidade, a perspectiva e a geometria, resgata sua vocação para a ocupação e a habitabilidade perdida de outrora. São diálogos renascentistas, barrocos e neoclássicos, italianos e franceses principalmente, que trazem das veias artísticas e dos ciclos comerciais desenhos de traçado forte para as urbes, ordenando-as, mas ainda sem grandes detalhamentos em termos de objetos (BENEVOLO, 1997; NUTTGENS, 1997). As edificações são grandes responsáveis pelas sensações e apreensões do percurso, mas agora de uma maneira um tanto mais ampla e livre do que na Idade Média (BENEVOLO, 1997; NUTTGENS, 1997; BEN-JOSEPH; SOUTHWORTH, 2003):.

Figura 28 – Rua da Idade Média

Fonte: o autor, 2017

> A geometria simples da rua reta reaparece com os arquitetos do Renascimento devido a sua forma pura, como também o potencial de abertura para perspectivas dramáticas para marcos cívicos ou religiosos. (BEN-JOSEPH, SOUTHWORTH, 2003, p. 24, tradução nossa).

> Uma nova consciência levou a um total reverso da relação do Barroco interno e externo, algo que podemos perceber na França. Se vemos os famosos jardins de lá, feitos por André Le Notrê (1613-1700) para Vaux-le-Vicomte e para Versailles, percebemos era cuidadoso e geometricamente planejado – coberturas podadas nos canteiros, longas avenidas com árvores definindo geometricamente o encontro com as folhas d'água, planos diagonais para as fontes e arbustos. (NUTTGENS, 1997, p. 221, tradução nossa).

Nas Américas e em colônias europeias nos outros continentes podemos considerar esse modelo como primeiro padrão a substituir os núcleos de sedentarismo iniciais (tribos), com algumas exceções, caso das cidades astecas, maias e incas, que tinham planos e arruamentos bem avançados (BARRACLOUGH, 1995; BENEVOLO, 1997; NUTTGENS, 1997). Ruas que traduziam uma espacialidade simples, humilde, com poucas casas, pisos batidos ou com pedra, sem definição de passeios e com pouca vivência (BITTENCOURT, 1990; TEIXEIRA, 1996; MACEDO, 2015):

> [...] a técnica geométrica é exportada para a América, onde a urgência da colonização e a amplidão dos territórios impõem, desde o começo, uma concepção aberta de urbanização. Nas terras de conquista espanhola, o modelo é aplicado após titubeios iniciais. Uma praça central: praça de armas ou plaza mayor onde fica sediado o poder político e religioso. Uma trama quadriculada de 120 jardas de lado estabelece grandes quarteirões.
>
> [...] Elas têm em comum a extensão de seu traçado ortogonal que, a partir do centro inicial, se prolonga nos traçados agrícolas, reinterpretando incansavelmente a mesma técnica de loteamento quadriculado e, ao mesmo tempo, dando amplidão e unidade morfológica à cidade. (PANERAI, 2006, p. 19-20).
>
> [...] ruas [...] são tratados de um modo muito singelo e, quando muito, são calçados. Mesmo em Salvador, a capital da colônia, e depois as cidades mineiras do ciclo do ouro, como Ouro Preto e Mariana, ou ainda Parati, no Rio de Janeiro, pode-se observar esse tipo de resultado espacial, bastante modesto. (MACEDO, 2015, p. 30).

Voltando à Europa, o processo de contínuo *facelift* traria somente em meados do século XVIII e no século XIX mudanças mais profundas aos padrões de arruamento existentes (BEN-JOSEPH; SOUTHWORTH,

2003; WERF *et al. apud* KARSSENBERG *et al.*, 2015). Detalhamentos mais sofisticados foram sendo agregados às ruas: novas tipologias, novos materiais, novos mobiliários, enfim, novas problemáticas (Figura 29).

A preocupação com o tipo de pavimentação se tornou mais latente, assim como drenagem, posteamentos, diferenciação de planos para pedestres e carruagens, arborização, bancos, lixeiras e tamanhos viários, algo até então inexistente (BEN-JOSEPH; SOUTHWORTH, 2003; DOURADO, 2011).

Bulevars, alamedas e grandes avenidas surgiram, padrões ainda não vistos, com dinâmicas muito diferentes, como apreensões e perspectivas mais complexas advindas das novas edificações urbanas e objetos (CHOAY, 1979; DOURADO, 2011).

A rua passa a ter um papel de destaque ainda maior na malha urbana e também se permitindo ter um maior número de morfologias, algo natural com o advindo da Revolução Industrial (CHOAY, 1979; DOURADO, 2011).

As edificações, rústicas e capengas, como cortiços, ou altas, modernas e multifamiliares nos centros, ou, ainda, emblemáticas e ajardinadas dos grandes burgueses, acabam por formar múltiplas configurações paisagísticas junto aos novos tipos e tamanhos de espaços públicos (parques, praças, orlas etc.), revelando ruas com envergaduras e formas variadas (olhar para cima e encontrar cimento e vidro em sequência torna-se mais frequente, por exemplo) (CHOAY, 1979; DOURADO, 2011; MACEDO, 2015):

Figura 29 – Encontros casuais da rua de ferro

Fonte: o autor, 2017

[...] o conjunto habitacional dos Deuz-Cent-Quarante dormia sob a noite negra. Distinguiam-se vagamente os quatro imensos corpos de pequenas casas encontradas umas às outras, corpos de casernas ou de hospital, geométricos, paralelos, que separavam as três largas avenidas divididas em jardins iguais. (ZOLA, 2007, p. 22-23).

Entre 1835 e 1870, a capital francesa foi transformada de cima a baixo por uma ambiciosa reforma, comandada pelo prefeito Georges-Eugène Haussmann (1809-1891) [...] Visando dar retaguarda à expansão industrial e financeira da cidade, a intervenção pôs em marcha um programa de melhorias urbanas, numa escala sem precedentes na história [...] Em linhas gerais, ela consistiu na atualização da infraestrutura de água, esgoto e energia elétrica, na regularização e ampliação da malha viária, na valorização do centro monumental e teve, como um dos seus pontos altos, a implementação de um conjunto metropolitano de parques, praças e ruas arborizadas. (DOURADO, 2011, p. 27).

Nas cidades sul-americanas, percebe-se novamente uma construção de modelos miméticos ao exterior com o avançar do século XIX e início do XX, com a chegada da família real ao Brasil, arquitetos, engenheiros e paisagistas europeus e a evolução do produzir urbano tropical (TEIXEIRA, 1996; DOURADO, 2011; MACEDO, 2015). Algumas cidades, como Buenos Aires, Montevideo, Guayaquil, Porto Alegre e Rio de Janeiro abrem grandes vias e passam a incorporar valores, padrões e mobiliários estrangeiros, corroborando conceitos sanitaristas muito em voga na época, caso de desenhos de Charles Thays ou Saturnino de Brito (GUTIÉRREZ, 2007; DOURADO, 2011; MACEDO, 2015).

Paulatinamente, arborização, pavimentações diferenciadas e bancos de sentar, por exemplo, começam a surgir na composição das vias, como uma maior definição dos escalonamentos viários e a hierarquização das calhas viárias para trânsito de carruagens, cavalos e pessoas, evoluindo para os bondes e os automóveis no avançar dos anos (MACEDO, 2015). Há um esboço de verticalização em algumas cidades, mas a paisagem ainda é marcada por visualidades caiadas e de telhado cerâmico de baixa estatura, a exceção das igrejas, imponentes e focais, convergindo as perspectivas de muitas ruas (REIS FILHO, 1976; COSTA, 2003; MACEDO, 2015):

> A primeira metade do século XIX pode ser considerada como uma etapa de transição urbanística, na qual as cidades brasileiras tomam uma nova forma e adaptam-se às exigências da sociedade moderna que se configura. Arruamentos e bairros são pouco a pouco edificados, de forma a receber novas formas de uso, de tráfego e também de arquitetura. [...] Ruas novas e largas, comércio chic, arquitetura europeizada, saraus, concertos e jardins elaborados [...] O ajardinamento dos logradouros públicos principais é uma decorrência dos novos hábitos, os quais eram implementados juntamente ao início da arborização urbana, calçamento sistemático de ruas, da iluminação e de utilização do bonde [...]. (MACEDO, 2015, p. 30-32).

A chegada do século XX traz mais um período de rompimento, estando esse momento cercado por novas definições (por parte do pensamento dos urbanistas) dos anseios da sociedade. Os movimentos eclético, art-decó e moderno, exponencialmente, politizam a rua, definindo-a como um elemento de grave interesse social (CHOAY, 1965; CORBUSIER, 1971; CORBUSIER, 1976). *Gardens cities*, subúrbios norte-americanos, máquinas de morar, Modernismo, modelos e mais modelos para o homem "contemporâneo", são exemplos de como a malha das cidades se configuram e com isso apresentam novas funcionalidades e morfologias para as ruas (CHOAY, 1965; BEN-JOSEPH, SOUTHWORTH, 2003). Estradas que antes ligavam as urbes agora estão inseridas internamente e aumentando a importância dos automóveis, com exemplos claros nos padrões urbanísticos norte-americanos que começam a criar grandes polos residenciais ligados aos centros comerciais e burocráticos por meio de vias de alta velocidade, ou planos modernos de esvaziamento de construção ao nível solo, em que os caminhos ligam setores ou construções, não se conformando por prédios adjacentes, e o percurso (*promenade architecturale*) é quase que somente discutível em nível de edificação (Brasília e diversas experiências le corbusianas são exemplos desse tipo de produção) (CORBUSIER, 1971; CORBUSIER, 1976; BEN-JOSEPH; SOUTHWORTH, 2003; COSTA, 2003) (Figura 30).

É um momento de crescimento geométrico da malha viária e de despersonificação dos arruamentos, em que as pessoas estão mais sobre rodas do que a pé:

Figura 30 – Noção espacial moderna

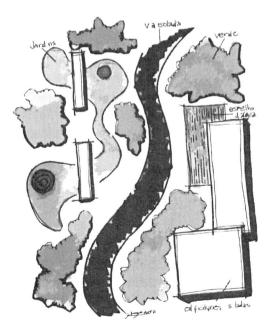

Fonte: o autor, 2017

> Nas cidades que se organizaram ou que se reorganizaram pouco a pouco, as vias de autoestrada atravessarão em trânsito e de acordo com o sistema mais direto, mais simplificado, inteiramente ligado ao solo, à sua topografia, mas totalmente independente dos edifícios que poderão ficar mais ou menos próximos uns dos outros. (CORBUSIER, 1971, p. 83).

> Imaginemos grandes autoestradas, bem integradas à paisagem, sem nenhum corte; autoestradas despojadas de toda superestrutura molesta (postes telegráficos e telefônicos), livres de todos os cartazes chamativos e de todos os sistemas habituais de barreiras, que seriam substituídos por simples valetas e sebes. (WRIGHT *apud* CHOAY, 1965, p. 241-242).

Ainda assim, não podemos dizer que todo o processo de produção e evolução das ruas nesse momento aderiu às práticas dos grandes corredores. Planos igualmente ambiciosos, mas menos agressivos, seguiram paralelamente as novas tendências do século XX. Rio de Janeiro e Curitiba adotaram transformações em que a estruturação viária tecia melhor a malha e estabelecia maior rigor nos padrões urbanísticos, principalmente afastamentos, ajardinamento e verticalização (Planos Agache), sendo que a segunda implantou mais de 40 parques urbanos; outras, como Goiânia, surgiram com as teorias da cidade-jardim mescladas com planos anteriores (Belo Horizonte), visto as quadrículas e avenidas principais ligando toda a cidade (PANERAI, 2006; DOURADO, 2011; MACEDO, 2015).

Mundialmente, a parte da arquitetura moderna e dos Planos *Voisin* e similares, o automóvel, desigualdade social ascendente, verticalização e conflito com a industrialização apresentavam ruas em transformação em cima de seus próprios valores, abrindo mais espaço para estacionamentos, diminuição do tráfego de pessoas e dos mobiliários adjacentes, como uma perda substancial de paisagens qualificadas – é o começo da rua de passagem (BESSE, 2006; JACOBS, 2010).

O DIÁLOGO CONTEMPORÂNEO

Com a falência do pensamento urbanístico moderno, intensamente criticado a partir de meados do século XX por ter priorizado a geometria e o desenho, esquecendo-se de valores básicos de afetividade e até a realidade de fruição das pessoas da cidade (JACOBS, 2010), o que viria depois?

Ainda hoje temos os despojos da construção desse pensamento de cidade e de estilo de vida, buscando, na medida do possível, recuperar certos valores caros aos nossos pais, avós e parentes mais distantes (BESSE, 2006; MACEDO, 2015) (Figura 31):

> Até metade do século 20, a rua representava um sistema integrado de movimento e de vida social e econômica. Isso mudou nos anos 1960 e 1970, quando intervenções em grande escala focadas em trânsito minaram a importância da rua para troca social e econômica. Passou a ocorrer uma partilha do espaço público utilitário, definida por exigências funcionais e de um espaço social de múltiplas funções. (WERF; ZWEERIK; TEEFFELEN *apud* KARSSENBERG *et al.*, 2015, p. 36).

> Atualmente, a rua não é mais um espaço público verdadeiro, está mais para uma linha em que seguimos com um conjunto de requisitos a ser obedecido (o que deseja nossos automóveis) para alcançar um objetivo. Neste momento, a rua é um tubo, e a gestão da rua nada mais é do que a gestão dos fluxos que passam por este túnel. (BESSE, 2006, p. 7, tradução nossa).

Apesar do esforço de reconstrução, de volta da habitabilidade perdida por parte da rua (com intervenções artísticas, novos usos e mobiliários), esse espaço na contemporaneidade continua majoritariamente hostil, onde perpetua o modelo automobilístico, principalmente ligado aos transportes motorizados individuais e, como explica Besse na citação, uma linha de fluxos atrás de objetivos iniciais e finais, sem o meio.

Figura 31 – Rua contemporânea

Fonte: o autor, 2017

As calhas viárias apresentam passeios diminutos (muitas vezes menores do que 1,5 m), grande quantidade de baias de estacionamento em um ou nos dois lados da via, e sempre que possível, mais de uma faixa de trânsito para motos, carros, caminhões e ônibus, que se multiplicam geometricamente pelas urbes – a dinâmica automobilística crescente modifica fortemente as ruas. Os mobiliários são sinalizações verticais, semáforos e postes, sintéticos e com a intenção de colaborar ao máximo com os fluxos, com a vegetação urbana, lixeiras e bancos apresentando-se em espaços sobressalentes quando possível. Há um excesso de asfalto e concreto, com o horizonte do piso como grande orientador:

> Conforme o desenvolvimento urbano, no século XX, as áreas centrais das principais cidades brasileiras adaptam apenas uma pequena parcela de suas vias às novas formas de transporte, o que as faz chegar aos anos 1960 extremamente congestionadas. As calçadas, como as ruas, são estreitas e mal comportam o fluxo intenso de pedestres, que transborda para o leito carroçável. A rua por sua vez, abriga um trânsito pesado e lento de ônibus, automóveis [...]. (MACEDO, 2015, p. 77).

As edificações também transfiguram essa paisagem e, de forma negativa, continuam a traduzir o pensamento individualista da população.

As ruas, quando não apresentam comércio ou contato com parques e praças, têm espacialidades cegas, ornadas por muros que "inspiram" uma falsa segurança aos donos dos lotes e acabam com qualquer diálogo dos prédios com o que há fora de seus limites (HOLANDA, 2013; MACEDO, 2015). As edificações, quando mais altas, a todo instante tentam também se distanciar da rua, isso no plano vertical, mas tratando de chegar o mais rente possível das testadas no outro plano, claro, com o mínimo de aberturas (HOLANDA, 2013). Percebe-se, ainda, um processo profundo de mimetização de cores, materiais e formas dos prédios, contribuindo para um empobrecimento estético-paisagístico das vias, em que por centenas ou milhares de metros imperam as mesmas soluções arquitetônicas. Perde-se mesmo a mágica e o interesse sensitivo do olhar (BESSE, 2006):

> Onde o andar térreo de um prédio e a sua relação com a rua e o espaço público são ignorados, o seu uso e desenho fazem com que o espaço seja pouco atraente e, às vezes, inseguro. (CLOS apud KARSSENBERG et al., 2015, p. 8-9).

> A fluidez entre os espaços intra lote e a rua não é mais desejada, na medida em que os cercamentos e portarias tornam-se exigências dos consumidores, que estão assustados com a real falta de segurança e também influenciados por uma crescente indústria de equipamentos e serviços de segurança.

> Guaritas, muros e gradis teoricamente garantem tal segurança, eliminando a fluidez obtida anteriormente. Resta aos projetos tentar, muitas vezes sem sucesso e de um modo cênico, um mascaramento [...]. (MACEDO, 2015, p. 73).

O pedestre, que deveria ser o principal agente da rua, é um transeunte robótico que não vê as vitrines e as casas se não lhe interessa, sendo também responsável (ou corresponsável) pelo que temos hoje em termos de via (BESSE, 2006; PINHEIRO; UGLIONE *apud* DUARTE; VILLANOVA, 2013). Está ligado ao cotidiano mecânico do trabalho e do próprio carro, sem condição de interagir com os signos apresentados (cores, pássaros, até mesmo outras pessoas) (BESSE, 2006). É um estilo de vida moderno que foi sendo afinado com os avanços das tecnologias e se traduziu na forma de apreensão espacial que temos:

> A ideia de uma cidade contemporânea se materializa nesta máxima: realidade efêmera, espaço marcado pela aceleração de informações e de circulação de bens de consumo, pela condensação de imagens e "a violência inesperada de estímulos". (Simmel, 1997). Espaço-vertigem, a demandar tantas e diferentes interrogações; a exigir diferentes e múltiplos olhares e ferramentas de compreensão (Duarte e outros, 2006). (PINHEIRO; UGLIONE *apud* DUARTE; VILLANOVA, 2013, p. 130).

> O deslocamento rápido do nômade, movido pelos estímulos intensos da cidade onde vive, é a condição mesma de seu caminhar em direção a territórios sempre "fora do alcance, não por não serem imaginados, mas, ao contrário, porque estão sempre sendo traçados". (Guattari; Rolnik, 1997, p. 72). [...] A cidade habitada pelo nômade se movimenta em eternos retornos (Nietzsche, 2007), numa temporalidade descontínua na qual cada instante é o signo de um possível acontecimento crucial, um acontecimento que poderá mudar tudo; uma cidade que está sempre incompleta [...] (PINHEIRO, UGLIONE *apud* DUARTE, VILLANOVA, 2013, p. 134-135).

Esse modelo, assim, permitiu um adensamento de práticas que instauraram cada vez mais vias-conexão, no sentido físico das palavras, sem espaço para qualquer outro objetivo. Temos, nos grandes centros, ruas como avenidas largas de fluxo nos dois sentidos, com ou sem canteiros centrais, anéis viários, vias expressas com inúmeras faixas, marginais, e diversos tipos de coletoras, que levam até tais elementos troncais. A paisagem das ruas é a tradução literal dos Planos Diretores, uma combinação de números de mobilidade e verticalização (MORAES, 1996; VILLAÇA, 2001).

Logo, a rua hoje é enfoque de planos de mobilidade, devido, principalmente, à periferização e direito à cidade (ROLNIK, 2016), com uma lacuna substancial dos planos estéticos e sociais. Somos somente massas que se deslocam? A fruição espacial perdida deve ser encarada novamente, pois é ela que traz vitalidade urbana.

São exemplos disso transformações artísticas, paisagísticas e sociais que ocorrem em todo o mundo com a intenção desse resgate: os *flashmobs* mobilizando artistas e desconhecidos em momentos aleatórios em espaços de pura circulação para interpretação e danças; *parklets* provisórios ou definitivos, trazendo verde e ambientes de estar para locais normalmente áridos nas cidades; programas de qualificação de fachadas, muitas vezes em favelas, valorizando as construções desses moradores; investimentos em pedestrianização de ruas, com alargamento de calçadas, recuperação de pisos e mobiliários mais adequados, ou até o fechamento de vias para uso exclusivos de pedestres; reorganização de usos e outros parâmetros urbanos, intensificando a vivência de ruas antes estagnadas e inseguras; construção e instalação de equipamentos urbanos culturais e artísticos; hortas urbanas; rebaixamento e demolição de muros etc. (KARSSENBERG *et al.*, 2015). Estamos engatinhando nesse processo.

A RUA BRASILEIRA

Nesse ciclo de construção, destruição e reconstrução de valores para as ruas, em que hoje estamos num momento de procura de recuperação da vitalidade urbana (ROLNIK, 2016), o Brasil apresenta uma quantidade significativa de tipologias, algumas estáticas, outras em transformação. Mimetizando pensamentos europeus e estadunidenses ou criando suas próprias fórmulas tropicais, temos uma evolução clara de ordens que hoje desemboca na preservação ou na parametrização, e em leis regulatórias, definindo percentuais mínimos e máximos para calçadas, faixa viárias, afastamentos, posicionamento de mobiliário urbano, quem pode ou o que pode estar e circular pelas ruas (MORAES, 1996; VILLAÇA, 2001; MACEDO, 2015).

Definem-se certos valores para qualidade urbana, o que é bom, mas, assim como a grande porcentagem dos edifícios atuais, demonstra-se uma equidade não tão benéfica às cidades, que têm suas diferenças ambientais e culturais. Logo, como tem sido essa produção viária brasileira? Muito do que fizemos e fazemos são adaptações e processos exploratórios que carimbam peças pré-fabricadas de nove metros, mas outras tantas são diálogos de enorme refinamento paisagístico, com a *promenade* urbana pensada e reafirmada.

Cronologicamente, como descrito páginas atrás, nossos modelos e padrões começaram a ser estabelecidos na colonização portuguesa (com traços também holandeses, franceses e espanhóis em certos locais), o que se preserva como materialidade ou minimamente como traçado urbano. Goiás Velho, Pirenópolis, Ouro Preto (Figura 32), recantos de Olinda e Salvador têm exemplos de arruamentos estritamente ligados à topografia e à paisagem natural, cívica e religiosa (perspectivas enquadrando igrejas, vales, praças ou o mar), com pavimentação em pedra ou, ainda, em terra batida, diferenciando-se caminhos principais de caminhos mais restritos quase que somente por meio das larguras da calha viária (REIS FILHO, 1976; BITTENCOURT, 1990; TEIXEIRA, 1996; MACEDO, 2015). Importante ressaltar que tais dimensões são bastante irregulares, variando significamente de acordo com a cidade, função da rua, edificações e pedreiros, com 2 a além de 15 metros, podendo apresentar passeios elevados ou não (TEIXEIRA, 1996; MACEDO, 2015).

Na época, não contavam com mobiliários e infraestruturas urbanas como lixeiras, drenagem ou iluminação, sendo que hoje muitas já dispõem desses avanços. Alguns tipos são as ruas simples (caminhos pavimentados ou não da cidade, sem maiores especificidades), travessas, becos, ladeiras, vielas ou estradas coloniais, que faziam a comunicação externa à cidade e se desenvolviam como rua dentro da mesma (REIS FILHO, 1976; TEIXEIRA, 1996; MACEDO, 2015).

A partir do final do período colonial e a chegada da era imperial e republicana (século XIX e início do XX), a produção afirmativa portuguesa dá espaço à importação de valores e expressões francesas (ou inglesas, mas em menor número) (DOURADO, 2011; MACEDO, 2015). Alguns mobiliários são acoplados às ruas, como os postes, lixeiras e bancos (obra da produção de ferro fundido e aço para esses tipos de objetos, introduzido de países como a França, Bélgica e Inglaterra), e a arborização, a exemplo dos novos bulevars e *cours* europeus, chega a certas ruas, como a via principal do Jardim Botânico; Avenida Central e Avenida Beira-Mar no Rio de Janeiro; a Orla de Santos; a Rua Sete, em Salvador; a Avenida Afonso Pena, em Belo Horizonte, por exemplo (DOURADO, 2011; MACEDO, 2015). É um período de expansão viária e ostentação elitista de padrões importados, em que as orlas e avenidas tornam-se pungentes novos espaços de socialização (MACEDO, 2015).

Figura 32 – Ouro Preto

Fonte: o autor, 2017

Devido aos recentes veículos, como o automóvel e o bonde (Figura 33), no início do século XX, e até mesmo o fluxo mais intenso de carruagens ainda no século XIX, as calçadas tornaram-se também mais presentes nas ruas, mais extensas e separadas em nível, como certas vias já começaram a contar com canteiros centrais para separar melhor o trânsito e também para ornamentação (DOURADO, 2011; MACEDO, 2015). A paisagem típica dos grandes centros se modifica da caiação pura e de casas geminadas para lotes mais espaçados, ajardinados muitas vezes, e com edificações mais altas – sobrados, mansões, edifícios em altura comerciais (MACEDO, 2015).

Figura 33 – A República Velha e as novas modernidades da rua brasileira

Fonte: o autor, 2017

> De um lado, constrói-se a cidade com base em ícones urbanísticos franceses e espanhóis, e abrem-se grandes Boulevards cercados por construções geminadas; por outro lado, os bairros residenciais mais modernos são edificados dentro de padrões urbanísticos derivados da cidade-jardim inglesa.
>
> [...] caracteriza a institucionalização de uma forma urbana alternativa, aquela centrada na avenida/boulevard e na rua/corredor.
>
> Em oposição ao casario geminado de um modo contínuo, são construídas edificações residenciais centradas em meio a amplos jardins e dotadas de generosos recuos. (MACEDO, 2015, p. 56).

Passado o fomento do Ecletismo e do afrancesamento brasileiro, de avenidas ornamentadas e de desenho rebuscado, não necessariamente mais práticos, em meados do século XX (1930-1970), mudanças drásticas ocorreram em nossos padrões de arruamentos, fatos que até hoje sentimos, visto o processo ininterrupto de urbanização e de promoção automobilística (MACEDO, 2015). A rua, local de fluxo de pedestres, socialização e calçamento em pedra dá origem ao piche e asfalto, alargamento profundo da pista de rolamento e dos estacionamentos junto a um aumento expressivo da velocidade de trânsito (VILLAÇA, 2001; MACEDO, 2015). A visualidade dos letreiros é percorrida pela velocidade do carro, as edificações, antes em grande processo de afastamento das bordas dos lotes, passam novamente a aproximação (valorização do metro quadrado) e se verticalizam ainda mais (VILLAÇA, 2001; MACEDO, 2015):

> A rua, apesar de perder um tanto de sua flexibilidade funcional por conta do aumento do volume do tráfego, mantém-se como o principal espaço livre urbano. Cada vez mais, o seu espaço é especializado: se os leitos carroçáveis são destinados aos veículos, aos pedestres cabem as calçadas, muitas vezes exíguas, malcuidadas e repletas de estorvos, tais como postes, árvores, lombadas e quiosques. (MACEDO, 2015, p. 110).

Há um esboço da padronização que hoje percebemos nos Planos Diretores, e a definição de vias locais, coletoras e arteriais é introduzida a produção urbana (DEL RIO, 1990; VILLAÇA, 2001). Com isso, a ornamentação exagerada de antes é desgastada e temos ruas mais semelhantes, com fórmulas para chegar a elas, seguindo bastante a regra de 1,5m de calçamento para cada lado e pista de rolamento com seis metros. Planos de mobilidade são executados e tipos como as marginais e vias expressas, com velocidades altas, poucas conexões, nenhum contato com edificações e muitas faixas de rolamento são introduzidos nas cidades para desafogar o "mar" de carros – estratégias adaptadas dos Estados Unidos (MACEDO, 2015).

A expressividade dos Modernos esbarra no tecnicismo, tendo oportunidade de ser executada somente em Brasília (Figura 34) e em bairros planejados de outras cidades, caso da Pampulha, em Belo Horizonte, com *cours, culs-de-sac, parkways*, grandes afastamentos das edificações das testadas dos lotes, ruas intraquadras, outras curvilíneas e retornos extensos em forma de trevo ("tesourinhas") (COSTA, 2003; MACEDO, 2015).

Mas nem tudo pode ser dito como perdido e ditado pelo tráfego ou pelo desenho modernista: surgem também adaptações diferenciadas para os pedestres e diálogos mais amenos entre paisagem e veículos automotores, em que se estabelecem ruas totalmente pedestrianizadas, tendo como exemplo a Rua das Flores, em Curitiba, ou a Rua 8, de Goiânia, e uma nova experiencialização das alamedas, com ruas cobertas por corredores verdes, caso da Avenida Santos Dumont, em Teresina, Rua Gonçalo de Carvalho, em Porto Alegre, ou a W3 Sul, em Brasília, tratando de resgatar o que foi perdido com o avanço do espaço para o carro e o concreto (MACEDO, 2015).

Figura 34 – O incomum padrão de vias de Brasília

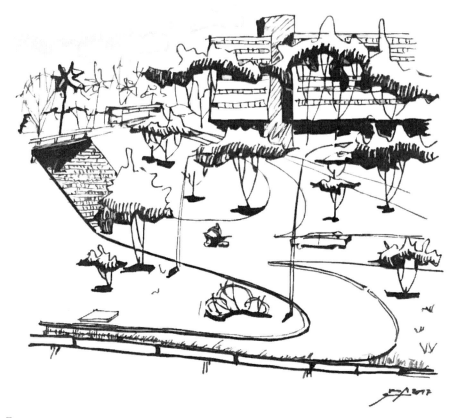

Fonte: o autor, 2017

Chegada a contemporaneidade (1970-), parece que mais profundo se tornou o processo de padronização dos arruamentos, com ruas de mão dupla, calçadas e estacionamentos nos dois lados da via ou sentido único, calçadas nos dois lados da calha e estacionamentos em uma das bordas, seguindo as cartilhas dos Departamentos de Tráfego. As avenidas se expandiram, assim como todos os tipos de arruamentos que permitissem o aumento da capacidade de circulação automotora, com anéis viários, marginais e vias expressas acompanhando o alargamento das avenidas comuns (MACEDO, 2015) (Figura 35).

Figura 35 – Hora do rush paulistano

Fonte: o autor, 2017

Os planos de mobilidade dão outros subsídios à qualificação viária, agregando mais veículos ao cotidiano urbano e, consequentemente, tipologias adaptadas a esse contexto. Verificam-se corredores exclusivos de ônibus e BRTs, transformando as ruas em parentes de ferrovias, com acessos pontuais em intervalos regulares e níveis variados de desconexão pelo corte que se dá na via, em que pedestres e carros não podem circular (microlocal), contudo, melhorando o tempo de deslocamento e as possibilidades de percursos interbairros (macro local) – como em Curitiba, Goiânia e Rio de Janeiro.

Outros pontos que foram acoplados ao desenho viário foram as ciclovias e as ciclofaixas, que eliminaram certos estacionamentos, preencheram canteiros centrais e laterais, calçadas e parte das faixas de rolamento, permitindo um fluxo mais honesto e seguro aos ciclistas e uma nova apreensão das paisagens da cidade – mais velozes do que pedestres, podendo ser mais ágeis até mesmo do que ônibus e carros, a depender do trânsito, os ciclistas desfrutam de pontos positivos das duas maneiras de circulação, fazendo exercício, sentindo odores, observando as vitrines, mas com um passo mais acelerado do que os transeuntes. Um exemplo claro de transformação são as ciclovias e ciclofaixas de São Paulo, com a cor vermelha característica e a transformação intensa da paisagem local, ou a pista de ciclistas da Orla do Rio de Janeiro.

O panorama que conforma essas calhas viárias também se modificou, com o adensamento das construções, a verticalização em níveis estratosféricos e a pasteurização de cores e materiais, criando ruas idênticas por todo o país (exemplo mais legível: os bairros criados pelo Programa "Minha Casa, Minha Vida", onde as casas do Rio Grande do Sul estão organizadas e construídas de forma quase igual às de Teresina, sendo que a cultura e o clima são completamente diferentes) (ARAGÃO, 2007; HOLANDA, 2013; MACEDO, 2015).

É notória a perda da qualidade da rua como espaço de sociabilidade, tendo a evolução do sintético sentido de conexão, em que somos passantes apáticos, como ocorreu/ocorre em outras frações do globo terrestre, e os técnicos corroboram a matemática de qualificação dos fluxos (estão errados?), baseando-se na melhora dos tempos de deslocamento somente (VILLAÇA, 2001; BESSE, 2006). Entretanto, em meio a esse mar automobilístico e de padronização, no Brasil também há espaço para relevantes experiências de qualificação (real) viária, o que tem se tornado cada vez mais presente no cotidiano. Estamos buscando urbes mais saudáveis, com mais vitalidade, e isso passa por modificar nossas ruas, com aumento da arborização, *parklets* (mudam completamente o uso de um pequeno trecho da cidade com recursos mínimos – às vezes um banco faz toda a diferença), pintura e desenhos diferenciados de cruzamentos integrando praças, calçadas e os próprios motoristas, como nas intervenções do Rio Cidade, no Rio de Janeiro, e alargamento dos passeios (MACEDO, 2015). A transformação de usos também modifica a qualidade das ruas, com fechamento para carros em benefício dos pedestres em dias específicos – Eixão, em Brasília, ou Avenida Paulista, em São Paulo –, ou feiras ao ar livre, caso da Avenida Afonso Pena, em Belo Horizonte, ou a 25 de Março, em São Paulo.

Temos, assim, um panorama geral das ruas no mundo e no Brasil, com características físicas e culturais, passando pelo seu processo de amadurecimento histórico. Há tipologias variadas, boas, ruins, aplicáveis a muitos contextos, como únicas de cada região. Se hoje percebemos uma uniformidade extensa, em que ruas de Florianópolis são idênticas a outras de Recife, há também um repensamento de modelos pelos urbanistas e a sociedade, com ações em benefício, principalmente, ao pedestre. Uma delas é a arborização.

2.2 A VEGETAÇÃO NA TRANSFORMAÇÃO DA PAISAGEM DA VIA

O PRINCÍPIO DA ESTÓRIA DA FLORA VIÁRIA URBANA

Na contemporaneidade tem-se um raciocínio justificável, seja pelo noticiário, seja pelos resultados científicos, de que a vegetação é um elemento importante para se ter nas vias urbanas (SANTOS; TEIXEIRA, 2001; PIVETTA; SILVA FILHO, 2002; ABBUD, 2006; TDAG, 2012). Mesmo não tendo uma aplicabilidade tão coerente quanto o senso comum, em que cidades próximas podem ter diferenças elevadas de área verde por habitante, pensamos nas ruas como calhas viárias ideais quando dispõem de pista de rolamento, passeios e canteiros com árvores. Contudo, até chegarmos a esse padrão de verdade (até mesmo os pesquisadores), muitos passos foram galgados na história, com um processo evolutivo coligado ao avanço do pensamento humano, seja religioso, político, artístico ou científico (GOYA, 1994).

Diferentemente do imaginado, a vegetação não foi incorporada de forma tão breve ao cotidiano urbano e, consequentemente, à rua, ao menos de forma deliberada, planejada, como onda compositiva e de interesse ecológico (GOYA, 1994; WATERMAN, 2009). Pelos caminhos da caça e do nomadismo, a sequência de verde era paralela, preexistente, servindo de apoio com alimentos, fármacos e sombra ou promovendo desastres pelo desconhecimento, em que seres humanos eram facilmente abatidos por seivas tóxicas (GOYA, 1994). Aprendemos, primeiramente, a conhecer e a temer as plantas, o que mais tarde promoveria uma forte revolução na humanidade – o sedentarismo advindo da agricultura (WATERMAN, 2009):

> Desde muito cedo ocorre a divisão entre os elementos da natureza selvagem e da natureza cultural, os animais selvagens ou domésticos, e as plantas úteis ou daninhas. O trabalho do homem se constituía na luta contra uma natureza selvagem, daninha, que devia ser destruída fisicamente, ou ainda, pela domesticação de plantas e animais retirando-lhes sua natureza selvagem e conferindo-lhes uma natureza doméstica ou cultural. (GOYA, 1994, p. 1).

> Acredita-se que caçar e coletar alimentos ocupasse a maior parte de seu tempo e energia - eles estavam sempre rastreando animais e procurando plantas que tivessem raízes, frutas ou folhas comestíveis. Eles se deslocavam por grandes distâncias em busca de uma mísera refeição; fartura era apenas ocasional. As marcas deixadas na paisagem não passavam de pegadas ou ossos e conchas descartados. (WATERMAN, 2009, p. 16).

O assentamento do *Homo sapiens* permitiu um primeiro embate de produção organizada da vegetação, contudo, ainda fracionando o potencial vegetal à alimentação, à fitoterapia e à essência como material de construção, independentemente dos valores culturais das novas cidades que surgiam (GOYA, 1994; THOMAS, 2010; ALMEIDA, 2011). Era um gesto de dominação frente a um elemento selvagem, menos capaz, ao qual o ser humano deveria se sobrepujar.

Isso persistiu pela trajetória inicial da história das cidades (até os anos 1400's depois de Cristo), com a evolução das sociedades demonstrando um distanciamento, um controle sobre as plantas das quais eram somente meios exploratórios ou parte de jardins particulares, sem conexão com meio urbano em si (GOYA, 1994; THOMAS, 2010). Podemos afirmar isso para as sociedades ocidentais, tendo um cuidado maior nos generalismos ao unir a história oriental, em que a cultura do sudeste asiático desde muito cedo deu valores religiosos a espécies notáveis, como os *Ficus* sp., e, no Egito, onde as palmeiras já tinham uma implantação afirmativa, em que elementos construídos, como templos (Karnak, no Egito, por exemplo), tornavam-se mais imponentes e imperativos pelo diálogo verticalizado com as *Phoenix* sp. (ALVES, CARAUTA, PINTO, 20--; WATERMAN, 2009).

> A introdução de espécies vegetais, nos espaços públicos das cidades europeias, levando em conta sua natureza plástica, mais próxima da selvagem do que da utilitária, foi um processo lento e somente possível devido à mudança de sensibilidade, e a uma sequência ininterrupta de fatores (GOYA, 1994, p. 2).

As cidades em geral eram tomadas pelo abiótico, o claustrofóbico, os pisos, as casas e demais construções, sem, no entanto, o verde (BEN-JOSEPH; SOUTHWORTH, 2003; WATERMAN, 2009). Essa sensibilização de que fala Goya, que busca de alguma forma mudar a aspereza urbana, começou pela ligação religiosa e alquimística com certos vegetais – teixos, carvalhos, arrudas, beladonas etc. – e, dessa forma, introduziu à parte da natureza algum tipo de vegetação pública.

Esse processo mínimo progrediu com a abertura científico-comercial (Figura 36) que viria com o Renascimento (WATERMAN, 2009).

O conhecimento de novas culturas, as belezas que eram as árvores e frutos dos trópicos, e o fortalecimento do pensamento artístico e do gosto dos mecenas trouxeram às cidades experimentações ascendentes com a vegetação, usos públicos ou de interferência paisagística complexa além do mero extrativismo vegetal.

Caminhos enfileirados por *Thuja* sp., enquadramentos de construções e visuais por árvores, vasos e jardineiras mais expostos pela cidade, como villas (Villa d'Este, em Tivoli, Itália, por exemplo) expondo topiarias diversas de *Buxus* sp. esboçavam técnicas que seriam mais aprofundadas nas ruas do futuro (GOYA, 1994; PHAIDON PRESS, 2003; WATERMAN, 2009): "O Humanismo [...] O ideal de perfeição humana passou a ser refletido nas paisagens que impunham uma imponente ordem geométrica sobre o território. Cidades, jardins e edificações começaram a refletir os ideais de proporção, ordem e geometria perfeitas" (WATERMAN, 2009, p. 30).

O avançar da cultura hortícola e barroca trouxe maiores refinamentos às vias vegetadas. Se no Renascimento havia um esforço de descoberta das possibilidades matemáticas e panorâmicas visando à beleza, a corrente barroca já os conhecia e agora tendia ao trabalho cultural novamente – sem deixar, no entanto, todo o empenho passado de lado (GUTIÉRREZ, 1983; GOYA, 1994). O planejamento urbano buscava as plantas como elementos compositivos que espelhassem a ordem, as simetrias desejadas, a regularidade, mas, diferentemente de outrora, permitissem a clara distinção entre a obra antrópica e a natureza (GUTIÉRREZ, 1983; GOYA, 1994).

Figura 36 – Perspectivas e uso matemático da vegetação

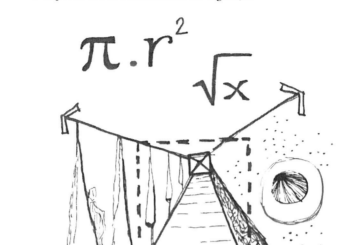

Fonte: o autor, 2017

Ainda assim, podemos afirmar que a cidade não era, de fato, vegetada, tendo expoentes mais claros nos palácios principais (caso de Versalhes). Também havia produção fora da Europa: apesar de fortemente desconectados com essa realidade, o Extremo Oriente, caso de China e Japão, também produziam obras urbanas e particulares ligadas à vegetação com trato cultural, talvez até mais fortes que as intenções barrocas ocidentais, onde a produção arborizada e todos os conjuntos de canteiros tinham uma significação única nos passeios (WATERMAN, 2009); nas Américas, o que se vê é o convívio com a natureza bruta permeando as ruas; ainda não é um trabalho deliberado, com raríssimas exceções, caso da cidade de Recife, com trabalhos de plantio que reportavam as urbes europeias, onde as árvores permeavam alguns dos palácios e ruas (GOYA, 1994).

A partir de meados do século XVII, com maior contundência no século XVIII, surgem novos valores para a construção das cidades e seu contato com o verde. Antes da Revolução Industrial ou ainda em seu princípio, mas já navegando na onda de inchaço urbano (guardando as devidas proporções), os responsáveis pela dinâmica de edificação urbana (Figura 37) já interagiam com a recente filosofia iluminista (GOYA, 1994):

> [...] o pensamento Neoclássico procura o retorno ao passado e ao meio rural (ideal), através da idealização de uma arcádica pastoril, e, o desdobramento Romântico com a busca sublime na natureza selvagem ou seu caráter pitoresco (natureza idealizada), fazem com que, paulatinamente, a preocupação com os elementos naturais ganhem espaço na cidade europeia. (GOYA, 1994, p. 2).

Surgem trabalhos diferenciados, com destaque para os ingleses e franceses, em que os jardins, pela primeira vez, não pretendem mostrar sua domesticação, mas sua aproximação com o que deveriam ser na realidade – naturais (GOYA, 1994; NUTTGENS, 1997).

Nas cidades, com uma burguesia mais consolidada, desperta-se o interesse em tornar as metrópoles centros mais vivos e propagandísticos, os quais traduzissem o esplendor das novas classes e a fuga do medo barroco (GOYA, 1994).

Eis um momento primoroso para a vegetação urbana, como o despertar dos humanos para os valores ornamentais no início do milênio ou na domesticação vegetal, em que a arborização e os jardins tornam-se figuras mais presentes na vida citadina, isso de forma pública – as *promenades publiques* (QUATREMÈRE DE QUINCY, 1832; DOURADO, 2011).

Apesar de já experimentados anteriormente, tipologias e espaços como *allés*, *cours*, bulevars, jardins, *parcs* e bois figuraram somente como membros definitivos e crescentes das cidades – de forma contundente na Europa, e mais tarde em outras regiões do mundo – a partir dessa apatia burguesa frente à constituição fria dos tijolos e pedras das urbes coligadas à poluição fabril (THOMAS, 2010; DOURADO, 2011).

Chegado o século XIX, tais transformações ficam mais visíveis nas vias urbanas, pois, de fato, há um planejamento urbanístico vegetal contundente (Figura 38). Experimentam-se obras maiores, mais marcantes, de escala até mesmo territorial. A rua começa a ter um aumento das possibilidades de escalonamento (como descrito no subcapítulo anterior) e a vegetação a acompanha.

O plano de Haussmann corta Paris com grandes avenidas arborizadas, com o intuito de a população da cidade, convivendo com planos verdes de grandes dimensões, pudessem usufruir de lazer e contemplação (civilização) ao mesmo tempo em que se limpava a urbe (ventos e sol permeando as edificações. livrando-as de doenças) e se traduzia um modelo a ser seguido pelo mundo (DOURADO, 2011).

Figura 37 – Pensamento naturalístico

Fonte: o autor, 2017

[...] gestada na Europa do século XVIII, consolida-se no século XIX, quando se dá a formalização da cidade moderna típica do processo industrial, então em implementação [...] A partir do século XVIII, em empreendimentos para a burguesia ascendente, o espaço urbano começa a ser tratado como jardim abertos destinados a um público restrito [...] Na primeira metade do século XIX, as pressões sociais urbanas, derivadas das péssimas condições de trabalho e habitabilidade das grandes cidades europeias, ensejam a criação e abertura dos primeiros parques urbanos para o morador comum da cidade [...] O Ecletismo, o que diz respeito à arquitetura paisagística urbana ocidental e brasileira, significa a introdução da vegetação no espaço urbano, seja na formação dos jardins privados, seja na construção dos espaços públicos para lazer, ou ainda no tratamento de vias públicas, nas quais se introduz a ideia da necessidade de uma arborização sistemática. (MACEDO, 2015, p. 28).

Figura 38 – Bulevar

Fonte: o autor, 2017

O trabalho com a vegetação, que se torna finalmente um elemento tectônico poderoso de transformação da cidade, incorpora às ruas a consciência de sua importância, também ornamental, de diálogo formal com as edificações formando novos panoramas, mas atualizadas pelos complementos psicológico e sanitarista (DOURADO, 2011). As vias deveriam transpirar beleza, serem confortáveis de se caminhar através dos pés, cascos, rodas e também sentidos, principalmente visão e olfato, era uma necessidade da classe ascendente burguesa (WATERMAN, 2009; DOURADO, 2011). Além das transformações em Paris, são outros exemplos La Rambla, em Barcelona, e Victoria Embankment, em Londres (JACOBS, 1995).

Nos centros americanos, a paridade temporal avançou rapidamente a partir das independências dos países e, com isso, as transformações das cidades e de suas ruas também. Nos Estados Unidos, Frederick Olmsted planejaria o Central Park e Riverside, um grande bairro de subúrbio repleto por ruas arborizadas e bosques, um conceito que iria evoluir nas mãos de Frank Lloyd Wright e nos governos de bem-estar social norte-americanos (CHOAY, 1965; MACEDO, 2015). Mais abaixo, reverberava a chegada de muitos arquitetos, engenheiros e artistas franceses, como Charles Thays, Glaziou, Édouard André, Eugène Courtois, Joseph Bouvard, Pedro Margat, Grandjean de Montigny, George Dubois, Irmãos Racine, Édouard Gauthier, Binot, dentre outros tantos profissionais. Eles iniciaram no sul uma transformação importante nos sistemas de espaços livres, principalmente em Buenos Aires e Montevidéu, cidades em que grandes avenidas seriam erguidas e fortemente arborizadas. Há um processo intenso de afrancesamento das urbes, visto que aqui também a burguesia ascendia, e, como viam a Europa, mais propriamente Paris, como reduto da modernidade, deveriam se espelhar. Os novos parques se misturavam as malhas, as ruas viraram verdadeiros bulevars, caso das imediações do Parque Cólon, em Buenos Aires (GOYA, 1994; DOURADO, 2011):

> Nada mais se mostrou tão persuasivo para sedimentar tais objetivos de adentrar a civilização e o progresso quanto se espelhar na Paris reformada e nos modelos culturais que, a partir da década de 1850, sobre a égide de Napoleão III, ela irradiava. Assim, na América do Sul, consolidou-se e alastrou-se uma francofilia, com expressão notável no campo do paisagismo, que impulsionou a realização de parques, jardins públicos e programas de arborização, revolucionando as feições dos principais centros urbanos locais [...]. (DOURADO, 2011, p. 62).

No Brasil, tais mudanças ocorreram paulatinamente, mais propriamente no Rio de Janeiro. A cidade acompanhou as irmãs americanas e também buscou um trabalho francófilo, criando parques, reestruturando avenidas, compondo com arborização na medida do possível, como na

Avenida Beira-Mar e o Passeio Público (GOYA, 1994; MACEDO, 2015). Contudo, diferentemente do modelo europeu, no outro lado do Atlântico, o cênico arbóreo era o mais importante, um trabalho de composição de fachadas por assim dizer, sendo o psicológico e as questões sanitaristas fatos que se agregaram ao pacote porque era inevitável (GOYA, 1994; DOURADO, 2011; MACEDO, 2015). Não tínhamos uma classe operária ainda, a escravidão estava também em voga, como a burguesia do ouro, café e açúcar não tinha uma consciência semelhante à europeia. Jardins e passeios serviam para embelezar pura e simplesmente as urbes no intuito de transpirar ar europeu:

> Somente bem depois dos primeiros jardins públicos e coincidindo com a sua difusão pelas povoações de porte menor, começaram os cuidados em arborizar e ajardinar os espaços públicos. As ruas mais importantes e, especialmente as praças, receberam árvores e canteiros ornamentais. O sucesso dessa transformação foi tal, que logo se perdeu, entre nós, a noção da distinção entre uma praça e um jardim.
>
> A arborização urbana, como imposição dos novos padrões urbanísticos, traz um novo traçado para as ruas, conferindo-lhes um caráter completamente distinto daqueles dos séculos anteriores, em torno destas alamedas, os recuos e jardins impostos pelo ecletismo junto a seus palacetes, trarão ás cidades uma fisionomia urbana completamente distinta daquela que apresentava no século XVIII. (GOYA, 1994, p. 11-12).

Com a chegada do século XX mudam-se, em certa medida, esses paradigmas construídos e temos mais cenários. Nas primeiras décadas há a decretação efetiva por parte dos projetistas da necessidade de reconfigurar as cidades poluídas industriais (CHOAY, 1965). A vanguarda modernista, com experimentações já com Ebenezer Howard e tendo seu ápice de pensamento com Le Corbusier, talhou novos parâmetros para a vida moderna, que livravam as pessoas das mazelas fabris e outros miasmas ao mesmo tempo em que acompanhavam a evolução das máquinas, como o carro e o avião (CHOAY, 1965; CORBUSIER, 1971; CORBUSIER, 1976). Os *parkways* (Figura 39) e as configurações de ruas com mais espaços livres ligados (parques, praças e outros respiros) se espalharam e tal configuração trouxe a arborização como sistema de maciços e panos verdes ao olhar das urbes (cidades-jardim) (CHOAY, 1965; WATERMAN, 2009).

Temos os subúrbios americanos e ingleses, onde a escala da rua é totalmente baseada na vegetação, visto que as ruas locais têm, diante de si, árvores e conjuntos florestais que criam os panoramas, e as edificações ficam isoladas em grandes lotes – ou mesmo cidades inteiras são edificadas por esse modelo, como Welwyn, na Inglaterra, onde há separações viárias mais claras e jardins por todas as vias (BEN-JOSEPH; SOUTHWORTH, 2003; WATERMAN, 2009).

Mais à frente, final da década de 1950, Brasília é um grande modelo urbanístico modernista edificado, no qual a cidade é um complexo jardim, com ruas largas que também são definidas pela panoramicidade vegetal,[13] em que de todos os lados há contato com mais árvores do que prédios – os edifícios são pontuados nos lotes e as vias atravessam a cidade sem serem definidas por eles, tendo a escala "bucólica" uma onipresença (COSTA, 2003; MACEDO, 2015).

Havia algo de político nesse trabalho e também com pensamento macrourbanístico. Urbanistas e paisagistas, como Le Corbusier, Lúcio Costa, Lawrence Halprin, Thomas Church, Garrett Ekcbo, Frank Lloyd Wright, Roberto Burle Marx, dentre outros, trabalhavam a escala da cidade de forma diferente dos precursores do século XIX, com intencionalidades artísticas mais aguerridas e sensibilidades bem mais diversas – produções internacionais com modelos válidos para qualquer parte do mundo, como obras específicas para cada local (TELES, 2005; MACEDO, 2015).

A francofilia passada se transfigurou no internacionalismo modernista e no nacionalismo (correntes opostas e, por vezes, concomitantes), com vias configuradas por jardins ameboides, canteiros cubistas ou arborização nativa/tropical e noções bioclimáticas – caso do Aterro do Flamengo, no Rio de Janeiro, de Burle Marx e outras orlas que foram repaginadas por arborização e palmeiras nativas, ou a Avenida Hernando de Aguirre, em Santiago, e Nicollet Mall, em Minneapolis, de Lawrence Halprin, com um trabalho mais internacional, cuja proposta formal se distanciava do apelo pela flora nacional.

---

[13] Em Brasília fica claro que o observador não olha a escala da via pura e simplesmente pela sua extensão e, no Plano Piloto, raras são as vezes que ele é guiado por edificações. A vegetação guia a leitura da paisagem e o panorama é verde.

Figura 39 – *Parkways*

Fonte: o autor, 2017

> Church revolucionou a linguagem paisagística, criando uma teoria baseada em princípios cubistas e popularizou a sensibilidade de projeto com relação ao entorno em termos visuais e de conforto ambiental. (TELES, 2005, p. 16).

> Espaços devem ser gerados para integrar pessoas, não apenas edifícios, explorando que o comportamento das pessoas é influenciado pela percepção do ambiente. Halprin destacou-se também por trabalhos de espaços públicos no conceito de qualidade ambiental urbana. (TELES, 2005, p. 19).

> A arquitetura paisagística moderna brasileira caracteriza-se por uma forte identidade nacional que vem atrelada ao nacionalismo cultural típico do período de sua formação nos anos 1940, 1950 e 1960. Ela tem como símbolo a valorização exacerbada da vegetação tropical no tratamento e formalização dos seus projetos. (MACEDO, 2015, p. 61).

A vegetação, assim, era encarada novamente como elemento de suporte a iniciativas artísticas, mas com a adoção de parâmetros políticos e esboços ambientais novos, não expondo mais ruas para burgueses, mas espaços por onde a população se sentiria melhor como um todo, podendo usufruir e conseguir restaurar a convivência pós-guerras. Essa evolução de pensamento quanto à apropriação do verde viário só se acentuaria nos anos seguintes.

A RUA VEGETADA NA SOCIEDADE DA INFORMAÇÃO

Seguindo com a última frase e transformando em pergunta, por que a evolução de pensamento quanto à apropriação do verde viário só se acentuaria nos anos seguintes? Após meados do século XX, a humanidade realmente passou a ser bombardeada por mídias e informações e, com isso, a conscientização ambiental foi aumentando. Não só isso, as cidades foram se densificando (em matéria construída, não necessariamente pessoa/m²), tendo construções mais altas, mais muradas, hostis, de materialidade cinza e escala anômala para o olhar comum dos pedestres e viventes (SILVA FILHO *et al.*, 2005; KARSSENBERG; LAVEN; GLASSER, VAN' THOFF, 2015), produzindo um sentimento cada vez mais nostálgico de necessidade verde. Nossa contemporaneidade, dessa forma, desenvolveu novos parâmetros de leitura para os elementos vegetais dentro das cidades, incluindo, até de forma mais politizada, a vegetação das vias urbanas:

> O século XX irrompeu com a expansão urbana: investimentos no meio imobiliário, abertura de ruas e avenidas, expansão do transporte coletivo, surto de industrialização, êxodo rural, e outros fatos que alteraram a fisionomia das cidades.
>
> É um período de profundas mudanças em nome da modernidade, de grandes projetos e projetistas, principalmente, nos grandes centros, mas também é marcado por perdas de um patrimônio arquitetônico e vegetal, da identidade de certos locais e da ruptura da relação homem-natureza. O crescimento das cidades em virtude desta ruptura impôs a presença da árvore, mas a forma como foram determinados os espaços construídos e livres negou as condições adequadas ao desenvolvimento da vegetação.
>
> A transformação da paisagem em um cenário urbano passa por modificações dos elementos naturais (solo, clima, ar, água, flora e fauna) e a introdução de um sistema cultural, traduzido pela ocupação dos espaços, implantação e crescimento da população, infraestrutura e serviços, setores produtivos, entre outros.

> O grau de intervenção aliado às características geográficas e sócio-políticas representa o diferencial das cidades e atestam o seu grau de deterioração.
>
> No contexto onde fatores negativos se somam, o papel da arborização das vias públicas assume importância, como um dos fatores de qualidade de vida. (SANTOS, TEIXEIRA, 2001, p. 16-17).
>
> Paralelamente, os novos princípios ecológicos, em voga desde os anos 1970, que são uma crítica aos extensivos danos ambientais do pós-guerra, influenciaram de um modo extremo o projeto paisagístico urbano internacional/ocidental, que, por sua vez, passa a supervalorizar a conservação dos remanescentes ecossistemas nativos ainda existentes dentro da cidade. (MACEDO, 2015, p. 107).

Temos, atualmente, uma relação afetiva com a vegetação, com as flores, o verde das folhas (FARAH, 2004), e isso, corroborando as questões ecológicas, têm reforçado a nossa interação e necessidade de contato com esses elementos nas cidades. A flora (reafirmando o que foi descrito no subcapítulo 1.1) configura a morfologia e a paisagem urbana, trabalha físico, ambiental e psicossociologicamente as urbes, afetando o microclima, a fauna, a estética, as escalas, a alimentação e a saúde, por exemplo, o que agrega valores importantes aos ambientes urbanos (LAMAS, 2014; MASCARÓ, MASCARÓ, 2015):

> A presença de vegetação, dependendo de seu porte em relação à edificação, pode criar planos que organizem e dominem o espaço urbano através da unificação, ou simplesmente formar uma cobertura vegetal aconchegante para quem passa por baixo de suas copas horizontais, sem modificar o perfil da edificação. Nos passeios, junto aos muros ou grades que cercam os jardins frontais, as sebes vivas ajudam a minimizar o aspecto edificado da paisagem. Os muros estreitam o espaço da rua, contribuem para barrar a ventilação ao nível do usuário [...] A vegetação protegendo o muro amplia psicologicamente espaço urbano, minimiza a aridez da paisagem e melhora sua ambiência. (MASCARÓ; MASCARÓ, 2015, p. 32-33).

Vista essa ascensão, a rua de hoje passou, inevitavelmente, a ser orquestrada por um planejamento que induz a arborização, a ter faixas ajardinadas no centro ou nos limites da pavimentação (infelizmente, não são todas as vias que têm esses elementos ou nem todas as cidades têm tido uma elevação de plantios). Há um processo de trabalho da vegetação como infraestrutura urbana da cidade (ABBUD, 2006; MALAMUT, 2014; MASCARÓ; MASCARÓ, 2015) (Figura 40).

As calhas viárias atuais que apresentam verde são compostas normalmente por arborização central (grandes e médias avenidas) ou perimetral (ruas de todos os portes), trabalhando em diferentes escalas com ajardinamentos variados.

Alguns bons exemplos recentes de introdução de verde viário espalhados pelo mundo são os parques lineares Madri Rio, em Madri, ou do Rio Cheonggyecheon, em Seul, que religaram as cidades aos seus rios e reintroduziram elementos vegetais a espaços extremamente pavimentados; *parklets* (Figura 41) e hortas urbanas dispersando-se por vários cantos.

Induzindo a população a ter um contato maior com o lado externo das edificações, mexendo na terra ou aproveitando a sombra de uma árvore em meio aos estacionamentos e trânsito, programas comunitários e municipais, como o "Árvore no Asfalto", em São Paulo, Rio Cidade, no Rio de Janeiro, ou Highline, em Nova York, criaram contextos inesperados de arborização em ruas movimentadas e ásperas ou antigas estruturas da cidade.

No entanto, apesar da politização que estamos mundialmente traçando em busca de soluções para o aquecimento global e o estresse urbano, buscando cidades mais saudáveis, o que impera mesmo são ruas mal adaptadas à vegetação, com exemplos dantescos de implantação, principalmente nas cidades dos países emergentes e subdesenvolvidos, caso do Brasil.

Figura 40 – O perfil do perfil do Plano Diretor de Arborização

Fonte: o autor, 2017

Muitas ruas, cuja inexistência de árvores na origem provocou certa revolta aos seus moradores e transeuntes, como plantios de mais espécies pós-ocupação de forma empírica e pouco estudada, apresentam situações adversas, para não dizer estranhas, ao perfil local, com árvores gigantescas em calçadas de um metro de largura, panos gramados com pontuais arbustos em largas avenidas, fronteiras espinhentas próximas aos pedestres, plantas tóxicas desprotegidas, interferência de raízes em calçadas ou galhos em fiações elétricas, como elementos arbóreos frágeis e altos estacionados em redutos estreitos (vide subcapítulo 1.2).

Figura 41 – Intervenções urbanas com uso da vegetação

Fonte: o autor, 2017

Nossa produção está precisando urgentemente de uma revisão quanto à rua vegetada. Há cidades no Brasil em que há uma forte estruturação da vegetação viária, com problemas também, mas um pensamento mais profundo acerca do assunto, caso de Curitiba e Maringá, no Paraná; Goiânia, em Goiás; Porto Alegre, no Rio Grande do Sul; e o Plano Piloto de Brasília. Mas além de Planos Diretores temos que rever certos conceitos e valorizar projetos paisagísticos de valor comunitário, como os parques de Medelín, na Colômbia, ou de Amsterdã, na Holanda, em que você vê convergências entre o sistema viário, as edificações e os espaços públicos adjacentes, conduzindo a um deleite significativo em gramados quando ensolarados ou a reintrodução das comunidades ao convívio com a cidade.

De forma geral, o final do século XX e o início do XXI trouxeram reflexões bem-vindas às ruas no contexto da vegetação, com o planejamento aderindo cada vez mais o verde ao projeto da calha viária, com propostas interessantes que convergem edifícios, praças e vias, mas precisamos continuar evoluindo. A árvore, a grama, os arbustos, eles não devem ser considerados regalos, ornamentos puros, mas elementos compositivos que trabalham todas as esferas públicas da rua, que colaboram em sua construção (LAMAS, 2014).

A sociedade da informação clama pelo espaço público e, além de comércio e fachadas ativas, vias bem projetadas, por onde se caminha e não passa (BESSE, 2006; KARSSENBERG, LAVEN; GLASSER; VAN' THOFF, 2015), fazem valer o direito à cidade de ambientes bem arborizados e ajardinados, com túneis verdes (Corredor da Vitória, em Salvador, ou Rua Gonçalo de Carvalho, em Porto Alegre), ou explosões de cor (Eixos de Brasília no inverno) e jardins bem cuidados (estradas e ruas locais de Gramado, por exemplo), regrados sempre que possível pela consciência ecológica (solo, sol, água, nativismo).

A partir desse entendimento amplo do viário e da vegetação urbana (também viária), contando com cronologia, tectônica e descrição de problemas e benefícios mais gerais, tem-se um panorama já interessante, capaz de ser direcionado para pesquisas variadas. Mais precisamente, crê-se que já seja possível criar alternativas para a análise dos problemas de implantação vegetal em nossas cidades, ao menos circunscritos ao recorte das vias, espaço público justificado como o grande ambiente de vivência urbana, merecendo um grau elevado de atenção e pesquisa.

3

O ESTUDO APLICADO DAS FITOPATOLOGIAS URBANAS

UM NORTE PARA A INVESTIGAÇÃO DOS PROCESSOS FITOPATOLÓGICOS URBANOS

Recuperando o que foi descrito no subcapítulo 1.2, o que propriamente são essas questões? Tais pontos lesivos (ou aparentemente danosos), relacionados à vegetação em meio urbano, foram definidos como fitopatologias urbanas (SILVA, 2014), termo adaptado da botânica e que se refere a doenças, deformações e outros problemas que ocorrem nas plantas, tendo sido talhado nos estudos paisagísticos como plantas causando malefícios à cidade (SILVA, 2016). Esses eventos revelam-se desde pequenas intervenções a faraônicos movimentos pela urbe, estendendo-se do panorama material até mesmo o cultural, como em interferências na rede aérea, toxidades, bloqueios visuais e desconfiguração da flora local, dentre diversas outras implicações.

Há um grau elevado de desinformação e certa precariedade quanto ao que é exposto acerca do verde nas cidades e como o implantamos. A atual literatura, difusa quanto à temática, ainda apresenta linguagens correlatas segmentadas, abordando-as separadamente dos campos físicos, ambientais, psicológicos, sociológicos e urbano-morfológicos, por exemplo (estão interseccionadas, na verdade), e nossos plantios não estão ocorrendo de forma planejada, principalmente no espaço livre público, onde a coletividade e a saúde urbana deveriam imperar (SILVA, 2016). Eis a razão pela qual vemos muitas calçadas quebradas por raízes ou copas desfiguradas para a passagem das fiações elétricas.

Apesar de ainda negligenciada, marcada pela desconexão e ausência de bibliografia própria, a pesquisa fitopatológica urbana não busca criar outros vácuos nessa travessia, além de não se tornar uma defensora da não arborização. Conforme progrediram os estudos, mais holísticas se tornaram as ambições de entendimento quanto aos problemas da vegetação nas cidades e paralelamente cresceu o desejo de uma rotina de diagnósticos e alertas salutar para o verde dos espaços citadinos, em busca de ambiências melhores com a presença das plantas.

Para tanto, superada a revisão bibliográfica pulverizada, o primeiro passo foi traçar agrupamentos lógicos e temáticos das questões que deveriam ser lidas, que traçamos no subcapítulo 1.2. Percebemos a existência de três grandes categorias de problemas relacionados à vegetação:

- A primeira, ambiental-sanitária, está relacionada ao conforto ambiental (em todos os sentidos – térmico, luminoso e sonoro), intoxicações (envenenamento, entorpecimento e efeitos cáusticos), sanidade vegetal e acolhimento de fauna hostil.

- A segunda, Física, está conexa à destruição de matéria e ao campo empírico-visual, em agressões ao nível do piso (caules e raízes), verticais (troncos e galhos) ou intempestivas (por conta de fragilidades, frutos, parasitas), e problemas relacionados a bloqueios concretos e/ou visuais.

- A terceira, Psicossociológica, está direcionada às percepções/sensações em relação aos espaços e aos ciclos de atividades da cidade (efeitos segregativos, insegurança, hostilidade, desagradabilidade) (SILVA, 2016).

Embora importante etapa, a categorização pura e simplesmente não contribui de maneira adequada à pesquisa urbana, pelo menos não ao que se propõe, pois a secção a classificações e/ou as plantas somente não traduz todo o escopo arquitetônico-paisagístico que esperamos, algo que já é feito em muitas pesquisas botânicas e que também se verificou em um primeiro ensaio (SILVA, 2014):

> Pesquisar sobre fitopatologias urbanas [...] não é algo novo, porém ainda apresentando precariedades em suas interligações, sendo importante relacionar e identificar os problemas de uma forma mais abrangente e temática, o que é propriamente a matéria, mas, imbuídos no contexto arquitetônico-paisagístico, entender as origens e propor soluções. (SILVA, 2016).

Vista essa deficiência, buscamos acoplar a tais classificações uma leitura mais dinâmica e larga, na qual o olhar paisagístico interagisse com o botânico e o antropológico, por exemplo. Essa observação mais completa da paisagem local formou um suporte mais robusto para o estudo das fitopatologias, já que se veem os parâmetros fisicoambientais, morfourbanísticos e antrossociológicos conjuntamente. Questionamos, ao olhar a vegetação com essa sensibilidade, qual o bioma local, quais são os gabaritos envolvidos, os usos, os graus de permanência e fluxos etc., notando as problemáticas mais abertas aos porquês da implantação e das interações com espaço, quais os graus de afetação.

O que isso significa? Pensar, por exemplo, que plantas frutíferas em calçadas não são necessariamente um problema, claro, nas devidas proporções de tamanho de árvores e peso de frutos, servindo de complementação alimentar a famílias locais e congregação entorno dos cuidados com tais plantas, ou que certa vegetação é simbólica para certo bairro, mesmo afetando o trânsito, e que há um ponderamento a ser feito – um Plano Diretor de Arborização Urbana lido de forma expressa não apresenta opções, mas uma diretriz afirmativa que provavelmente eliminaria a espécie.

Estabelecer tal conceito, ato de explorar uma ótica mais diversa e ampla, superando a silvicultura, as qualidades fitossanitárias e as regras básicas de contato com o solo, rede elétrica e comunicação visual (sem excluí-las), foi um fato preponderante para avançar no que se propõe – analisar a cidade e a vegetação urbana –, contudo tal procedimento ainda não está parametrizado, com costuras sequenciais que permitam uma análise lógica dos recortes propostos.

MÉTODOS DE ESTUDO DE FITOPATOLOGIAS URBANAS

Assim, uma das possibilidades recorridas para tal apreensão foi sistematizar a análise em um percurso de parâmetros e estudos, de forma que sua síntese culminasse textualmente em um relatório padronizado e sequencial. Neste livro denominamos esse protocolo de Ficha-Diagnóstico Multidisciplinar, um registro de produção empírica e teórica, que aglutina a pesquisa em textos, mapas e imagens, permitindo uma observação dos diversos pontos fitopatológicos urbanos circundados por múltiplas características locais, possibilitando uma análise futura mais robusta.

A seguir, a sequência ilustrada detalha, ao mesmo tempo, a organização da Ficha-Diagnóstico como o procedimento de estudo adotado para preenchê-la, aprofundando a leitura iniciada no tópico anterior.

1 Materiais

Este estudo varia drasticamente quanto à necessidade de recursos para ser realizado. Tecnicamente, é preciso somente de um computador com programas que permitam edição vetorizada, imagens comuns e de satélite, como prancheta, papel e lápis, e um estudioso que entenda de vegetação e urbanismo. Contudo, dada a intenção de reforçar o estudo, vários aditivos podem ser acoplados, diante do aumento de pesquisadores, tipos de profissionais, recursos financeiros e tecnologias, podendo criar planilhas variadas, usar recursos de georreferenciamento, montagem de mapas mais completos, aumentar a gama de espaços de estudo com transportes variados e um tempo maior de pesquisa etc.

2 Definição do recorte físico-espacial

Há quatro questões a serem abordadas neste ponto: tipologia de espaço a ser estudada, cidade(s)/estado(s)/país(es) a serem pesquisados, quantidade de locais a serem observados e por que estudá-los.

Quanto à tipologia espacial, deve-se questionar se é pública ou privada, espaços livres ou fechados e, mais afirmativamente, se são ruas, praças, parques, jardins residenciais ou ambos. Essa definição é crítica, pois para cada tipo de espaço espera-se uma observação diferente e, consequentemente, uma bibliografia específica, já que ruas têm uma linguagem distinta de um clube recreativo, por exemplo.

Já quanto à abrangência geográfica, o critério do pesquisador vale da sua disponibilidade de tempo, facilidade de deslocamento e interesse. Pode ficar circunscrito a um município, a uma região, a um bioma ou pontualmente em vários locais, até mesmo diferentes países. Uma múltipla escolha de cidades permite efeitos de comparação, o que é bastante válido.

Pensando no número de áreas a serem aferidas, parte-se dos mesmos princípios da abrangência geográfica: disponibilidade de tempo, facilidade de deslocamento e interesse. Para se ter um escopo do que se quer analisar, quantas ruas é preciso pesquisar? É importante que sejam diferentes ou suas estruturas devem ser semelhantes? Isso tudo baliza a quantidade de espaços que são necessários (ou possíveis) de serem pesquisados.

É importante saber qual razão leva a estudar tais espaços. Pesquisar tem um sentido, então, o recorte físico-espacial também deve ter um motivo que o leve a ser investigado: a cidade pouco é lida, os parques são elementos morfológicos fundamentais daquele município, as calçadas são negligenciadas na maioria dos estudos de vegetação, tais ferrovias são estruturantes na região etc.

Apesar de tantas informações a se pensar, na ficha os espaços escolhidos ficarão sintetizados na lacuna "Local", onde o endereço é singelamente descrito (ex.: rua, bairro, cidade, estado, país).

É interessante perceber que o local é um suporte para este estudo, e não a pesquisa em si, podendo adaptá-lo facilmente para outras regiões.

3 Cronologia

É imprescindível saber quando e quantas vezes serão feitas as medições. Isso balizará cientificamente o trabalho, pois o pesquisador atravessará as estações do ano (se isso for importante), permitirá medir em dias úteis, sábados, domingos, feriados ou dias de eventos na cidade (o que muda a logística do espaço, podendo estar mais cheio de carros, menos pedestres, ou fluxo determinado por horário, por exemplo), e a quantidade de vezes que se avalia um mesmo local pode confirmar ou anular raciocínios.

Importante dar preferência a medições não únicas ou com pouco espaçamento de tempo, optando por variações entre dias úteis e finais de semana, e meses de verão e outono etc., já que, assim, tem-se um número maior de variáveis. Na ficha estarão descritas as datas na lacuna "Dias de Visita".

4 Descrição geral

Para a pesquisa ser costurada de uma forma inteligível, algo que se está propondo desde o começo visto a desconexão da temática atualmente, é fundamental dar um panorama global do local, auxiliando o leitor/pesquisador na compreensão da área. Um caminho possível é descrever (UNESCO-MAB, 1992; SANDERVILLE JUNIOR, 2004a; SANDERVILLE JUNIOR, 2004b; PANERAI, 2006; THIBAULD, 2013; MALAMUT, 2014; MASCARÓ; MASCARÓ, 2015):

   a. Esboços do histórico local – se é um parque, quando foi construído, se houve alguma disputa política ou uma família patrocinadora, transformações cronológicas, por exemplo.

b. Aspectos fisicoambientais: qual a vegetação local e qual é a real vegetação do bioma? Como se dá o clima? É uma rua com grande declividade? Há leitos aquáticos? Qual a relação com a fauna? Onde há sombras? Como é a passagem do som no espaço? A fauna está presente?

c. Morfourbanísticos: os gabaritos, os perfis viários, os usos e atividades, a ocupação, os lotes, as quadras, a malha, as intervenções nas calçadas, o mobiliário, a disposição das árvores, o perfil socioeconômico, equipamentos importantes, tipo de zoneamento, visuais, acessos, legislação urbanística, histórico macro e microrregional, marcos e pontos focais.

d. Antrosociológicos: quais são os fluxos? Onde há permanências? Quais são os interesses que movem as pessoas pelo espaço? Quem é atraído pelo espaço? Há diferença entre o movimento dos automóveis e dos pedestres? Avaliar o comportamento em geral.

Tais pontos são vitais para subsidiar o estudo e apontam em direções diversificadas. Compreender os usuários, a lógica do solo, os parâmetros urbanísticos, são dados que podem passar despercebidos em pesquisas focadas nas problemáticas da vegetação, mas que, certamente, ajudam a entender por que se planta de um dado jeito naquele espaço ou por que um espaço continua árido apesar da presença do verde. Tratando-se de uma pesquisa de arquitetura paisagística, multilinguagens são necessárias.

5 Mapas e imagens gerais

Os dados gerais são finalmente graficados, facilitando a compreensão dos textos (VIDAL, VIDAL, 2000; SANTOS, TEIXEIRA, 2001; MELAZO, 2008; AMMA, 2008; VELOZO et al, 2014). Espera-se então uma produção de mapas e imagens para uma leitura planificada dos aspectos relatados, como:

a. Mapa geral: planta de situação, com a rua e seus arredores, informando o recorte de estudo (de satélite ou vetorizada).

b. Mapa de usos: planta com cores definindo as atividades comerciais, residenciais, industriais etc. (de satélite ou vetorizada).

c. Mapa de gabaritos: planta com gradação cromática para estabelecer o número de pavimentos das edificações (térreo, 1 pavimento etc.) (de satélite ou vetorizada).

d. Mapa de permanências: planta com simbologias variando em escala, demonstrando onde são os locais de maior ou menor gasto de tempo (gradação de tamanho de circunferências, por exemplo, onde círculos menores significam menor permanência e círculos maiores o contrário) (de satélite ou vetorizada).

e. Mapa de fluxos: planta com setas variando em escala, demonstrando onde são os locais de maior ou menor passagem e a direção (gradação de tamanho de setas, por exemplo, em que linhas menores significam menor fluxo e linhas maiores o contrário) (de satélite ou vetorizada).

f. Ilustrações e/ou fotos que revelem bidimensionalmente e tridimensionalmente os perfis viários e perspectivas da rua.

6 Vegetação

O objeto de análise principal. Nessa parte do estudo, as informações morfológicas e taxonômicas são transportadas, um inventário, a exemplo do que já fazem diversos Planos Diretores de arborização, explorando o máximo de informações relevantes para o processo paisagístico (SANTOS, TEIXEIRA, 2001; AMMA, 2008, MASCARÓ; MASCARÓ, 2015). Certas informações de plantio são consideradas dispensáveis para esse diagnóstico (como condição solar e tipo de solo), mas podem aparecer em futuras outras análises que disponham de mais tempo ou outros vieses.

O pesquisador vai a campo e colhe as informações, tendo como esboço a seguinte sequência de descrição (LORENZI; SOUZA, 2001; LORENZI, 2002a; LORENZI, 2002b; BACHER *et al.*, 2004; LORENZI; MATOS, 2008; LORENZI; SOUZA, 2012; PIER, 2014; KEW, 2016; THE PLANT LIST, 2017):

a. Nome popular: ou vulgar, de fácil apreensão ao leitor, mas podendo se repetir para plantas diferentes. Ex.: língua de sogra.

b. Nome científico: em latim, com gênero e espécie, e com o devido nome do autor que descobriu a planta ou a renomeou baseado em novas pesquisas; é a identidade do vegetal, pois só tem um. Por questões de qualificação profissional, dificuldades de leitura ou imprecisão de exemplares visualizados, o nome da planta pode estar descrito somente com o gênero acompanhado de spp. Ex.: *Plumeria rubra* L. ou *Agave* spp.

c. Família: outro caráter taxonômico, caracteriza grupos de plantas segundo qualidades similares entre as espécies componentes, como tipo de folha, formato de flor, época de frutificação etc. É um ponto importante, visto que conhecer a família já pode prevenir o usuário ou o planejador com parâmetros bons ou ruins que certas famílias possuem, como serem venenosas ou terem plantas decíduas. Ex.: Cactaceae ou Apocynaceae.

d. Origem: pode ser precisa, chegando a fitofisionomias bastante restritas, ou mais ampla, caracterizando biomas. Nesta pesquisa, preferimos identificar a espécie como exótica ou nativa e acoplar a isso outra característica também ampla, como bioma ou clima. Também auxilia na projetação e implantação, pois caracteriza a resistência e o desenvolvimento da planta para tal lugar. Ex.: Exótica Tropical seca.

e. Porte projetado: escala projetada de altura que aquela planta pode chegar. Vital no projeto da rua, pois interfere nas visuais e no contato com os pedestres e aéreo. Ex.: 5-15m.

f. Classificação sucessional: cadeia evolutiva das plantas na natureza, podendo ser aplicada a todas as espécies. Como forma de ser mais agudo neste livro, ficou restrita às árvores, visto que o estrato arbóreo pioneiro normalmente cai ou se quebra com maior facilidade, apesar de crescer mais depressa, e as espécies de estágios mais avançados são mais resistentes, apesar de demorarem mais a atingir uma altura vertiginosa, sendo que os outros estratos tendem a ter menos problemas neste sentido. Ex.: clímax, secundária ou pioneira.

g. Folhagem: caracterização morfológica que expõe a cor, o tipo de folha, a forma e o porte (neste livro). Dá impressões estéticas e físicas, pois folhas grandes podem cair em pedestres e folhagens vermelhas dão outra vida ao ambiente do que verdes. Ex.: rubra, simples, lanceolada, pequena.

h. Floração: caracterização morfológica que expõe a cor e a ocorrência (neste estudo). Revela impressões estéticas e previne quanto à aparição durante o ano, sendo importante para o colorido das cidades, fauna, multiplicação e produção. Ex.: branca, verão.

i. Frutificação: caracterização morfológica que expõe a cor, a comestibilidade, a ocorrência e o tamanho (neste livro). Mostra impressões estéticas e previne quanto ao uso alimentar, temporada e se pode ou não causar danos ao cair pelo porte do fruto. Ex.: verde, não comestível, outono, grande.

j. Caule: caracterização morfológica que expõe a cor e o diâmetro (este último restrito a árvores e arvoretas) (neste estudo). Auxilia com parâmetros estéticos e também de porte, podendo interessar o uso ou não em uma calçada estreita ou em um largo canteiro de avenida. Ex.: cinza escuro, < 1 m.

k. Raízes: caracterização morfológica que expõe a direção e o porte, restrita a árvores e arvoretas (neste livro). Auxilia com parâmetros vitais na projetação das infraestruturas subterrâneas e de piso, já que plantas com raízes axiais não comprometem as calçadas, mas outras, com raízes tabulares, podem arrebentar as instalações de esgoto. Ex.: superficial, grande.

l. Copa: caracterização morfológica que expõe a persistência das folhas e o porte, restrita a árvores e arvoretas (neste estudo). Reforça conceitos importantes para o conforto ambiental, a estética das ruas, a interferência física aérea e a limpeza das cidades, visto que árvores com copas grandes sombreiam mais, mas as caducifólias podem descobrir os usuários em pleno verão e sujar mais os terrenos. Ex.: decídua, < 15 m.

m. Fauna associada: que animais se sentem atraídos por essa vegetação? Informação útil, pois previne quanto à aparição de morcegos ou zangões, por exemplo. Ex.: insetos em geral, aves, mamíferos etc.

n. Periculosidade: informação que antecipa parte das fitopatologias relatadas, informa sobre parâmetros morfológicos que podem trazer riscos pela simples presença de tais plantas, como toxinas ou espinhos. Ex.: látex venenoso.

o. Quantidade aferida: quantas plantas foram encontradas de cada espécie. Ex.: 20.

Tais informações serão descritas preferencialmente em tabelas-padrão (Tabela 1), aqui elaboradas a partir da síntese de outras tabelas e quadros, como os verificados em Santos, Teixeira, (2001), AMMA (2008) e Mascaró e Mascaró (2015). Tal ferramenta deverá reunir os pontos de forma coesa e simples, auxiliando o leitor na perspectiva que terá das fitopatologias urbanas e do espaço como um todo. Importante: a vegetação que ocorreu em mais de uma rua, neste texto, não será apresentada novamente com todos os detalhes, sendo descrito seu nome, tipo, número de ocorrências e a página onde foi anteriormente detalhada.

Além da utilização de números e aferições, elaborou-se um mapa de distribuição da vegetação, exemplificando os estratos (árvores, arbustos etc.) de forma planificada (VIDAL, VIDAL, 2000; SANTOS; TEIXEIRA, 2001; MELAZO, 2008; AMMA, 2008; VELOZO *et al.*, 2014). Isso permite ao leitor e ao pesquisador entender a distribuição das espécies pela rua e quais os objetos próximos de cada planta.

Conhecendo tudo isso, a pesquisa pode caminhar em uma descrição textual geral do espaço vegetado em si: se é ameno, se tem uma quantidade interessante de árvores, se se percebe alguma característica específica de plantio.

Tabela 1 – Modelo de tabela de vegetação

-15.776257, -47.873496	Sanseveria (Herbácea) *Sansevieria trifasciata* **Prain** Família: Asparagaceae Origem: Exótica - Tropical seco			
Porte projetado	< 1m			
Classificação sucessional	-			
Folhagem (cor, tipo, forma e porte)	Verde escuro	B	1	Média
Floração (cor, ocorrência)	Variada			
Frutificação (cor, uso alimentar, ocorrência, porte)	Laranja	NC	Variada	Pequeno
Caule (cor, diâmetro)	-		-	
Raízes (direção, porte)	-		-	
Copa (perenidade, porte)	-		-	
Fauna atrativa	Insetos em geral			

	Sanseveria (Herbácea)
-15.776257, -47.873496	*Sansevieria trifasciata* **Prain**
	Família: Asparagaceae
	Origem: Exótica - Tropical seco
Periculosidade	Tóxica
Quantidade aferida	Maciços
Legenda	
Class. S.: A - Pioneira, B - Não Pioneira / **Folhagem:** A - Composta, B - Simples; 1-Lanceolada/Linear, 2 - Ovada/Obovada/Elíptica, 3 - Outras / **Floração:** V - Verão, O - Outono, I - Inverno, P - Primavera / **Frutificação:** C - Comestível, NC - Não Comestível; V - Verão, O - Outono, I - Inverno, P - Primavera / **Raízes:** S - Superficial, A - Axial/Profunda / **Copa:** P - Perene, D - Decídua	

Fonte: o autor, 2020

7 Fitopatologias

A exemplo do campo da vegetação, complementando-o, apresenta-se os aspectos fitopatológicos urbanos observados. Aqui o estudo buscará traduzir da forma mais expressa possível a linguagem urbana associada à vegetação (SILVA, 2014; SILVA, 2016).

Este passo revela-se de maneira mais hostil, pontuando as problemáticas, mas serve para a futura análise entender (conjuntamente a todo o escopo de outros dados que também foram coletados) o que realmente é um problema grave, ou outro que é menor diante dos benefícios ofertados.

O pesquisador vai a campo e não simplesmente observa a existência do verde, mas deve transpirar todos os conceitos e interpretá-los. A sequência esperada para isso é:

a. Leitura geral das fitopatologias do espaço aferido:

Após traçado um perfil da área, o pesquisador deve descrever, em um panorama geral, a qualidade fitopatológica daquele ambiente: é uma rua com grande presença de problemas relacionados à vegetação, com empirismos que afetam a calha viária, copas próximas das fiações elétricas e grande número de plantas tóxicas... As especificações e detalhes ficam a cargo das próximas etapas, nas quais haverá mapas, texto e imagens.

b. Leitura das fitopatologias ambiental-sanitárias:

São observadas as problemáticas relacionadas ao conforto térmico, toxicidades, fauna hostil etc., conforme o subcapítulo 1.2, e descritas textualmente. Em um segundo momento, o que foi aferido é apontado em um mapa com simbologia numérica para cada tipo de situação (TINOCO, 2009) e são usadas imagens para ilustrar as problemáticas. É interessante também dispor de tabelas resumindo as quantidades e elaborar gráficos com esses valores e com as gradações dos níveis de periculosidade das ocorrências.

c. Leitura das fitopatologias físicas:

São observadas as problemáticas relacionadas à materialidade, como raízes superficiais, troncos esguios e altos, proximidade com os cabeamentos elétricos, bloqueios visuais etc., conforme o subcapítulo 1.2, e descritas textualmente. Em um segundo momento, o que foi aferido é apontado em um mapa com simbologia numérica para cada tipo de situação (TINOCO, 2009) e são usadas imagens para ilustrar as problemáticas. É interessante também dispor de tabelas resumindo o número e elaborar os gráficos com esses valores e com as gradações dos níveis de periculosidade das ocorrências.

d. Leitura das fitopatologias psicossociológicas:

São observadas as problemáticas relacionadas à percepção e à sensação do usuário em relação à vegetação, conforme o subcapítulo 1.2, e descritas textualmente. Diferentemente das outras fitopatologias urbanas, as psicossociológicas não se apoiam numericamente, ou por variáveis contáveis, como temperatura, mas por leituras ainda mais dinâmicas e pessoais. O pesquisador tende a ilustrar uma perspectiva técnica do que observa, como a incomunicabilidade do espaço de muros verdes, mas vai ter que interpretar na futura análise o que leva a isso em suposições das visões dos usuários, no caso, donos de mansões cercadas ou condomínios, por exemplo. É um exercício sem mapas definidos como os outros, nem tabelas ou gráficos, apoiando-se, principalmente, em referências conceituais, vivências e "osmose" ambiental. É importante notar que os dados ainda estão denotativos, cabendo à análise apurá-los.

8 Dados complementares

O pesquisador pode trabalhar em mais direções, explorando esse enredo básico e moldando a novas percepções, agregando mais dados. Em um processo mais avançado e com carga horária maior é possível agregar o diálogo dos pesquisadores com a população (CROSARA, 2013), abrindo perguntas que podem gerar gráficos, como: qual a sua avaliação geral quanto à vegetação nesta rua? Você acredita que a vegetação que aí está traz algum benefício ou malefício para você e/ou a rua? A vegetação aí disposta é a que deveria estar nesta rua? etc., ou o estudo pode ser mais voltado a uma fitopatologia ou a compreensões mais filosóficas. Fica a critério do estudioso, que adapta esse passo a passo.

9 Síntese e recomendações

Digamos que pós-tradução literal das problemáticas vistas a ficha está pronta, entretanto, não é suficiente sem um resumo crítico.

Após o exercício de investigação em campo e anotação, com a produção de textos, tabelas, imagens e mapas, é importante o pesquisador ler o que foi produzido, digerir e daí transformar em perspectivas analíticas: "A rua X tem graves problemas de raízes afetando o asfalto, contudo, o dossel erguido pelas copas das árvores criam enquadramentos e uma proteção térmica tão fenomenal que a intervenção tem que ser nos equipamentos e pisos da via, não nas árvores"; isto é uma análise de um dado ponto descrito; "A avenida possui grande quantidade de comércios, e o que se vê são canteiros baixos e vasos, nos quais não enxergamos uma linguagem uníssona ou ao menos complementar – muitas plantas são venenosas e estão perfiladas por simples apreço ornamental"; esta já é outra conclusão espacial, mas também de comportamento.

Nesse momento podemos trabalhar em torno de gradações, perceber as gravidades, os tipos de uso que tornam tal espaço mais preenchido por vegetação ou não, por que se planta de tal forma etc., e mostrar ao leitor como enxergamos a realidade.

Em outro momento, sugerimos não parar na análise e partir para recomendações e proposições. Dado o escopo do exercício, o tempo de pesquisa e outros fatores que interferem no estudo, as sugestões podem ser mais genéricas ou caminhar para riquezas de detalhes, como serem restritas aos espaços investigados, como evoluir para a cidade ou o bioma (ex.: não plantar plantas comestíveis perto das saídas de esgoto, ou ter o cuidado de posicionar futuras árvores de acordo com a fiação elétrica dos posteamento, e pensar nas alturas das mudas quando já adultas, ou, ainda, não plantar coníferas em cidades circunscritas no Bioma Cerrado).

Assim, temos um panorama geral da problemática existente e qual o tipo de enfrentamento para sua verificação. São diversos dados cabíveis ao estudo das fitopatologias urbanas e há essa abertura por considerá-las um campo do conhecimento em constante descoberta e expansão. O próximo capítulo engloba a pesquisa de campo, com os dados coletados seguindo a cartilha aqui apresentada.

UM EXEMPLO DE PESQUISA DE CAMPO

Rua Padrão (Bairro Padrão)

Datas de Pesquisa *in loco*: 01/02/2019/; 03/02/2019; 01/06/2019; 03/06/2019; 01/09/2019; 03/09/2019; 01/12/2019; 03/12/2019; 01/02/2020; 03/02/2020.

Descrição geral: essa via, de pequeno porte, coletora de segundo grau e com usos mistos (comercial e/ou residencial), pertence a um bairro típico da cidade (Figura 42). Pouco comum ainda naquele período, os bairros, além do que hoje chamamos Centro Histórico, começavam a ser criados, seja pela necessidade encontrada pela Prefeitura de urbanizar mais áreas para abrigar a população e a economia crescente, seja, como foi do Bairro Padrão, pelo intuito de proprietários de glebas da região de criar áreas urbanas em suas terras. O bairro em si tem qualidades de clima, flora e relevo próprios da região: altitude entre 500 e 600 m, com grande planitude; bioma X, apesar da quase inexistência de vegetação nativa; está inscrito na zona climática Y, com quatro estações bem marcadas; possui rios e córregos em suas bordas (fundos de vale), caso da Avenida Padrão.

A maior parte das quadras são retangulares e curtas (< 100 m) com pouca verticalização e edificações em sua maioria térreas ou até três pavimentos. Suas ruas são generosas (10 m) e o bairro é cortado por malha semirregular, com algumas diagonais inseridas, além da presença de um sistema planejado de espaços livres, com quantidade visualmente acima da média da cidade de praças. É um local de classe média e uso predominantemente residencial, possuindo equipamentos importantes para a cidade, como um parque de médio porte, a Subprefeitura, diversos centros de assistência social, escolas, posto de saúde e um shopping, motivos pelos quais o bairro é uma forte centralidade.

A **Rua Padrão** (Figura 43) propriamente está situada mais no centro do bairro, tendo uma dinâmica similar a outras da região, pois dialoga mais com as ruas adjacentes do que com o todo. Não tem transporte público e o comércio é básico. É uma via pouco conectada, com quadras curtas, possuindo edificações que se submetem às regras de gabarito, tendo pouquíssimas com mais de três pavimentos, porém, os lotes encontrados estão quase que completamente ocupados, acima do permitido, com pouquíssimos respiros não construídos (Figuras 44, 45, 46).

Figura 42 – Bairro Padrão e delimitação da área estudada
Escala: 1:1500

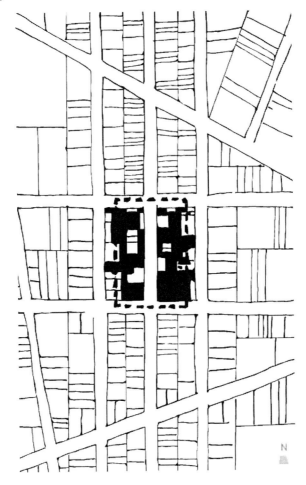

Fonte: o autor, 2020

Figura 43 – Rua Padrão
Escala: 1:400

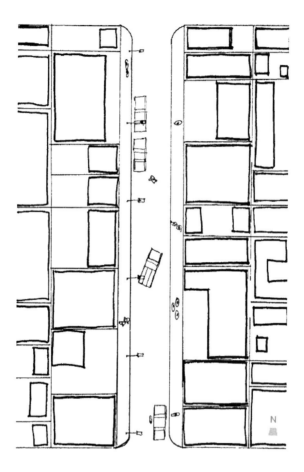

Fonte: o autor, 2020

A paisagem, assim, é marcada por edificações geminadas faceando a calçada, grande número de marquises, mas até uma relativa alta quantidade de vegetação, além da poluição visual, que não é amenizada pela linha da caixa viária (6 m + passeios) – isso acontece devido às fachadas comerciais repletas de propagandas, à invasão das calçadas por produtos e comerciantes não fixos e ao posteamento com grande densidade de fiação em uma das bordas. São inexistentes mobiliários importantes, como bancos e lixeiras, mesmo próximos ao comércio, porém com calçadas em boas condições, de declividade leve e largura acima da média (2 metros) em grande parte da via, tornando o passeio pouco desgastante (Figuras 44, 45, 46, 47 e 48).

Essa paisagem possui dois tipos de espacialidades, com 50% de sua extensão conurbada por mais lojas e os outros 50% dividindo com mais residências. Os fluxos variam, como a relação com a vegetação se torna totalmente diferente. Por ser um espaço que privilegia o uso comercial, nota-se uma grande concentração de fachadas ativas, embora sejam raras as lojas que funcionam depois das 18 h – chaveiro, assistências, empório etc.

Figura 44 – Perspectiva geral

Fonte: o autor, 2020

Figura 45 – Corte da rua
Escala: 1:250

Fonte: o autor, 2020

Figura 46 – Ocupação
Escala: 1:400

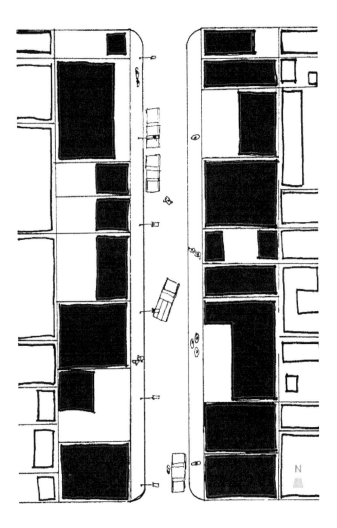

Fonte: o autor, 2020

Figura 47 – Usos
Escala: 1:400

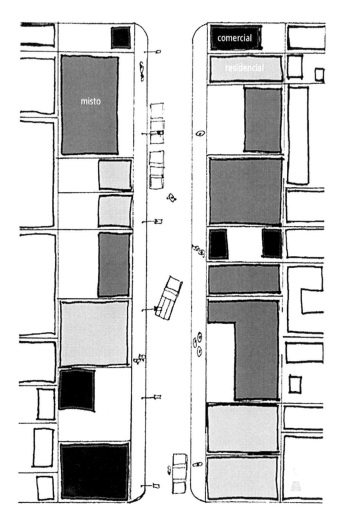

Fonte: o autor, 2020

Figura 48 – Gabaritos
Escala: 1:400

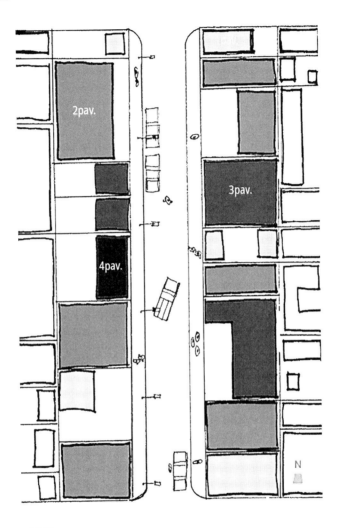

Fonte: o autor, 2020

Trata-se, de modo geral, de uma rua agradável, porém, nenhuma edificação chama grande atenção ou opera como marco visual na cidade, ou mesmo no bairro. A falta de marcos, como de edificações institucionais, qualifica-a como uma rua de menor proporção e conexão com a cidade, só não sendo local pelo fluxo entre as demais ruas adjacentes.

Fluxos e permanências: os automóveis normalmente foram vistos ou em deslocamento ágil, por se tratar de uma rua de conexão do bairro, ou estacionados próximos ao comércio. Metade dos carros e motos estava parada embaixo de espaços sombreados (onde havia árvores ou onde a projeção de sombra das edificações estava contribuindo) e a outra metade estava concentrada próxima aos dois comércios mais expressivos (uma assistência técnica de uma marca renomada e um empório) – é pouco expressiva a quantidade de carros que passam pela rua. O ônibus faz sua parada na próxima rua transversal a cada 30 minutos. Há um forte fluxo de caminhões próximos ao empório uma vez na semana, sendo que o estacionamento particular não se apresenta como forte chamariz de veículos. As bicicletas também estão presentes, percorrendo velozmente a via, sem entrar nas calçadas e pouco parando no comércio (Figuras 49 e 50).

Quanto aos transeuntes, vimos os moradores saírem de seus portões com calma, sem expressar aquela preocupação visível em outras áreas urbanas ditas mais perigosas. Abriam a casa e ficavam conversando em pé ou sentados em seus muros baixos (caso fossem compostos por muretas e grades) embaixo das árvores. Era comum ficarem horas a fio trocando ideias e opiniões nessa situação.

Muitos que passam por ali são trabalhadores das lojas. Vêm a pé ou saem dos ônibus (maioria), caminhando apressados pelas calçadas, com o foco direcionado para o estabelecimento onde vão exercitar seus afazeres. O tráfego pouco intenso de automóveis não atrapalha em quase nada a passagem de um lado para o outro da rua. Os demais querem mesmo é acessar os serviços. Caminham apressados ou em ritmo mais acelerado para entrar na loja de consertos de eletrodomésticos, comprar no empório ou na loja de utilidades. É raro alguém se deter a observar o céu ou qualquer outro elemento que não esteja dentro das lojas.

Algo interessante ocorre na parte mais alta da rua. Lá há algumas cadeiras e sempre há pessoas sentadas esperando pelos ônibus da outra transversal ou os donos do comércio da esquina conversando com os amigos que aparecem.

Figura 49 – Fluxos
Escala: 1:400

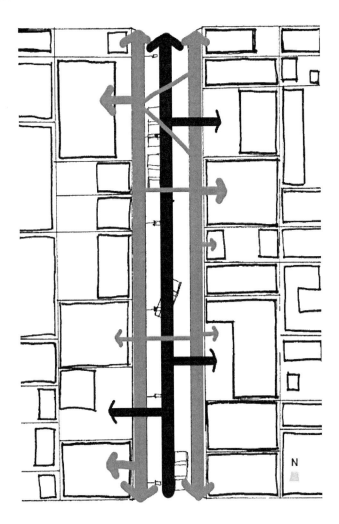

Fonte: o autor, 2020

Figura 50 – Permanências

Escala: 1:400

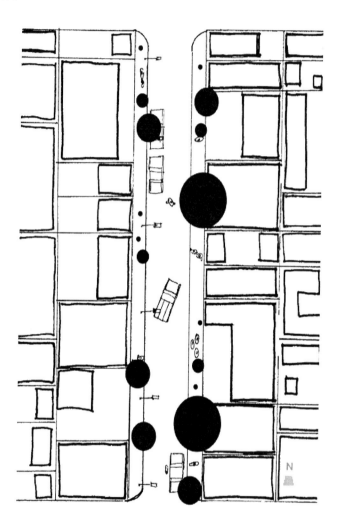

Fonte: o autor, 2020

Vegetação da rua: a rua é composta basicamente por elementos arbóreos e arbustivos já desenvolvidos, sendo que parte de tal vegetação é expressiva quanto às suas flores, desenho de estipe/tronco, folhas e frutos. Não se apresentou como espaço de vegetação própria para alimentação, e, apesar da porcentagem de árvores e arbustos adultos, a quantidade não é suficiente para o tamanho da via, estando concentradas em três pontos da avenida (Figuras 44, 51 e Tabela 2).

Tabela 2 – Vegetação

-15.776255, -47.873495 -15.776257, -47.873496	Chapéu-de-sol (Árvore) *Terminalia catappa* **L.** **Família: Combretaceae** **Origem: Exótica - Tropical úmido**		
Porte Projetado	10 - 20 m		
Classificação Sucessional	B		
Folhagem (cor, tipo, forma e porte)	Verde Médio B	2	Média
Floração (cor, ocorrência)	Creme	P-V	
Frutificação (cor, uso alimentar, ocorrência, porte)	Marrom C	V-O	Marrom
Caule (cor, diâmetro)	Marrom médio	< 0,5m	
Raízes (direção, porte)	S	Grande	
Copa (perenidade, porte)	P	10m	
Fauna atrativa	Insetos, Aves, Morcegos		
Periculosidade	-		
Quantidade Aferida	2		

Legenda

Class. S.: A - Pioneira, B - Não Pioneira / **Folhagem:** A - Composta, B - Simples; 1 - Lanceolada/Linear, 2 - Ovada/Obovada/Elíptica, 3 - Outras / **Floração:** V - Verão, O - Outono, I - Inverno, P - Primavera / **Frutificação:** C - Comestível, NC - Não Comestível; V - Verão, O - Outono, I - Inverno, P - Primavera / **Raízes:** S - Superficial, A - Axial/Profunda / **Copa:** P - Perene, D - Decídua

-15.706255, -47.873490	Coroa-de-Cristo (Arbusto) *Euphorbia milii* **Des Moul.** **Família: Euphorbiaceae** **Origem: Exótica - Tropical seco**
Porte Projetado	< 1 m
Classificação Sucessional	-

Folhagem (cor, tipo, forma e porte)	Verde Escuro B	2	Pequena
Floração (cor, ocorrência)	Vermelha	Contínua	
Frutificação (cor, uso alimentar, ocorrência, porte)	Verde Claro NC	Contínua	Pequeno
Caule (cor, diâmetro)	Marrom acinz.	-	
Raízes (direção, porte)	-	-	
Copa (perenidade, porte)	-	-	
Fauna atrativa	Insetos em geral		
Periculosidade	Espinhos, Látex venenoso		
Quantidade Aferida	Maciços		
Legenda			

Class. S.: A - Pioneira, B - Não Pioneira / **Folhagem:** A - Composta, B - Simples; 1 - Lanceolada/Linear, 2 - Ovada/Obovada/Elíptica, 3 - Outras / **Floração:** V - Verão, O - Outono, I - Inverno, P - Primavera / **Frutificação:** C - Comestível, NC - Não Comestível; V - Verão, O - Outono, I - Inverno, P - Primavera / **Raízes:** S - Superficial, A - Axial/Profunda / **Copa:** P - Perene, D - Decídua

-15.776455, -47.873495 -15.776757, -47.877496	**Flamboyant (Árvore)** *Delonix regia* (**Hook.**) Raf. Família: Fabaceae Origem: Exótica - Tropical seco		
Porte Projetado	10 - 15 m		
Classificação Sucessional	B		
Folhagem (cor, tipo, forma e porte)	Verde Médio A	2	Média
Floração (cor, ocorrência)	Vermelha	Variada	
Frutificação (cor, uso alimentar, ocorrência, porte)	Marrom NC	O-P	Grande
Caule (cor, diâmetro)	Marrom Claro	< 0,5 m	
Raízes (direção, porte)	S	Grande	
Copa (perenidade, porte)	P	> 10 m	
Fauna atrativa	Insetos e Aves de forma geral		
Periculosidade	-		
Quantidade Aferida	2		

Legenda

Class. S.: A - Pioneira, B - Não Pioneira / **Folhagem:** A - Composta, B - Simples; 1 - Lanceolada/Linear, 2 - Ovada/Obovada/Elíptica, 3 - Outras / **Floração:** V - Verão, O - Outono, I - Inverno, P - Primavera / **Frutificação:** C - Comestível, NC - Não Comestível; V - Verão, O - Outono, I - Inverno, P - Primavera / **Raízes:** S - Superficial, A - Axial/Profunda / **Copa:** P - Perene, D - Decídua

	Mangueira (Árvore)			
-15.706255, -47.873435	*Mangifera indica* L. **Família: Anacardiaceae** **Origem: Exótica - Tropical úmido**			
Porte Projetado	10 - 20 m			
Classificação Sucessional	B			
Folhagem (cor, tipo, forma e porte)	Verde Escuro	B	1	Média
Floração (cor, ocorrência)	Creme		P-V	
Frutificação (cor, uso alimentar, ocorrência, porte)	Verde/ Amarela	C	P-V-O	Grande
Caule (cor, diâmetro)	Marrom escuro		< 1 m	
Raízes (direção, porte)	S		Média	
Copa (perenidade, porte)	P		< 10 m	
Fauna atrativa	Insetos, Aves, Morcegos			
Periculosidade	Frutos Pesados			
Quantidade Aferida	1			

Legenda

Class. S.: A - Pioneira, B - Não Pioneira / **Folhagem:** A - Composta, B - Simples; 1 - Lanceolada/Linear, 2 - Ovada/Obovada/Elíptica, 3 - Outras / **Floração:** V - Verão, O - Outono, I - Inverno, P - Primavera / **Frutificação:** C - Comestível, NC - Não Comestível; V - Verão, O - Outono, I - Inverno, P - Primavera / **Raízes:** S - Superficial, A - Axial/Profunda / **Copa:** P - Perene, D - Decídua

	Murta (Arbusto)			
-15.776295, -47.873425*	*Murraya paniculata* (L.) Jack **Família: Rutaceae** **Origem: Exótica - Tropical úmido**			
Porte Projetado	< 5 m			
Classificação Sucessional	-			
Folhagem (cor, tipo, forma e porte)	Verde Escuro	B	2	Pequena
Floração (cor, ocorrência)	Branca		Contínua	

Frutificação (cor, uso alimentar, ocorrência, porte)	Vermelho	NC	Contínua	Pequeno
Caule (cor, diâmetro)	Marrom acinz.	-		
Raízes (direção, porte)	A	-		
Copa (perenidade, porte)	P	< 3 m		
Fauna atrativa	Insetos e Aves de forma geral			
Periculosidade	Tóxica			
Quantidade Aferida	8			

Legenda

Class. S.: A - Pioneira, B - Não Pioneira / **Folhagem:** A - Composta, B - Simples; 1 - Lanceolada/Linear, 2 - Ovada/Obovada/Elíptica, 3 - Outras / **Floração:** V - Verão, O - Outono, I - Inverno, P - Primavera / **Frutificação:** C - Comestível, NC - Não Comestível; V - Verão, O - Outono, I - Inverno, P - Primavera / **Raízes:** S - Superficial, A - Axial/Profunda / **Copa:** P - Perene, D - Decídua

-15.756255, -47.873435	**Pingo-de-ouro (Arbusto)** *Duranta erecta* **L.** Família: Verbenaceae Origem: Nativa – Várias regiões

Porte Projetado	< 3 m			
Classificação Sucessional	-			
Folhagem (cor, tipo, forma e porte)	Verde Ouro	B	2	Pequena
Floração (cor, ocorrência)	Violeta		Contínua	
Frutificação (cor, uso alimentar, ocorrência, porte)	Dourado	NC	Variada	Pequeno
Caule (cor, diâmetro)	Marrom Escuro	?		
Raízes (direção, porte)	-	-		
Copa (perenidade, porte)	P	< 3 m		
Fauna atrativa	Insetos e Aves de forma geral			
Periculosidade	-			
Quantidade Aferida	Maciços			

Legenda

Class. S.: A - Pioneira, B - Não Pioneira / **Folhagem:** A - Composta, B - Simples; 1 - Lanceolada/Linear, 2 - Ovada/Obovada/Elíptica, 3 - Outras / **Floração:** V - Verão, O - Outono, I - Inverno, P - Primavera / **Frutificação:** C - Comestível, NC - Não Comestível; V - Verão, O - Outono, I - Inverno, P - Primavera / **Raízes:** S - Superficial, A - Axial/Profunda / **Copa:** P - Perene, D - Decídua

-15.776755, -47:878495	Romãzeira (Árvore) *Punica granatum* L. Família: Lythraceae Origem: Exótica – Temperado seco			
Porte Projetado	< 6 m			
Classificação Sucessional	B			
Folhagem (cor, tipo, forma e porte)	Verde Escuro	B	1	Pequena
Floração (cor, ocorrência)	Laranja		Variada	
Frutificação (cor, uso alimentar, ocorrência, porte)	Róseo / Vermelho	C	Variada	Médio
Caule (cor, diâmetro)	Marrom azinz.		<0,2m	
Raízes (direção, porte)	A		Pequena	
Copa (perenidade, porte)	P		<5m	
Fauna atrativa	Insetos, Mamíferos e Aves de forma geral			
Periculosidade	-			
Quantidade Aferida	1			

Legenda

Class. S.: A-Pioneira, B-Não Pioneira / **Folhagem:** A-Composta, B-Simples; 1-Lanceolada/Linear, 2-Ovada/Obovada/Elíptica, 3-Outras / **Floração:** V-Verão, O-Outono, I-Inverno, P-Primavera / **Frutificação:** C-Comestível, NC-Não Comestível; V-Verão, O-Outono, I-Inverno, P-Primavera / **Raízes:** S-Superficial, A-Axial/Profunda / **Copa:** P-Perene, D-Decídua

-15.776250, -47.873495*	Tuia (Arbusto) *Thuja plicata* Donn ex D.Don Família: Cupressaceae Origem: Exótica – Temperado			
Porte Projetado	?			
Classificação Sucessional	-			
Folhagem (cor, tipo, forma e porte)	Verde Médio	B	3	Pequena
Floração (cor, ocorrência)	Azul Claro		Variada	
Frutificação (cor, uso alimentar, ocorrência, porte)	-	-	-	-
Caule (cor, diâmetro)	Marrom acinz.		<0,3m	
Raízes (direção, porte)	A		Pequena	
Copa (perenidade, porte)	P		<2m	
Fauna atrativa	Insetos em geral			

Periculosidade	Tóxica e bastante inflamável
Quantidade Aferida	3
Legenda	

Class. S.: A-Pioneira, B-Não Pioneira / **Folhagem:** A-Composta, B-Simples; 1-Lanceolada/Linear, 2-Ovada/Obovada/Elíptica, 3-Outras / **Floração:** V-Verão, O-Outono, I-Inverno, P-Primavera / **Frutificação:** C-Comestível, NC-Não Comestível; V-Verão, O-Outono, I-Inverno, P-Primavera / **Raízes:** S-Superficial, A-Axial/Profunda / **Copa:** P-Perene, D-Decídua

-15.876255, -47.973495*	Washingtônia-de-saia (Palmeira) *Washingtonia filifera* H.Wendl. ex de Bary Família: Arecaceae Origem: Exótica – Tropical seco			
Porte Projetado	< 20 m			
Classificação Sucessional	-			
Folhagem (cor, tipo, forma e porte)	Verde Escuro	A	3	Grande
Floração (cor, ocorrência)	Creme		Variada	
Frutificação (cor, uso alimentar, ocorrência, porte)	Preto	NC	Variada	Pequeno
Caule (cor, diâmetro)	Marrom acinz.		< 0,5 m	
Raízes (direção, porte)	-		-	
Copa (perenidade, porte)	-		< 4 m	
Fauna atrativa	Todos os animais de pequeno porte			
Periculosidade	Espinhos, Esconderijo de animais peçonhentos e bastante inflamável			
Quantidade Aferida	5			
Legenda				

Class. S.: A - Pioneira, B - Não Pioneira / **Folhagem:** A - Composta, B - Simples; 1 - Lanceolada/Linear, 2 - Ovada/Obovada/Elíptica, 3 - Outras / **Floração:** V - Verão, O - Outono, I - Inverno, P - Primavera / **Frutificação:** C - Comestível, NC - Não Comestível; V - Verão, O - Outono, I - Inverno, P - Primavera / **Raízes:** S - Superficial, A - Axial/Profunda / **Copa:** P - Perene, D - Decídua

Fonte: o autor, 2020

Figura 51 – Vegetação

Escala: 1:400

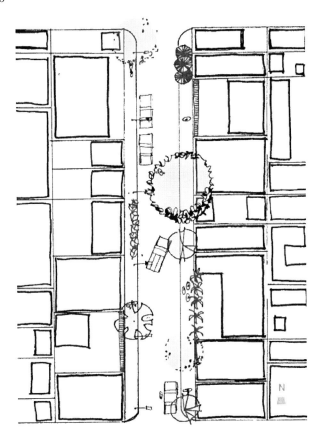

Fonte: o autor, 2020

Fitopatologias urbanas ambiental-sanitárias e físicas: a rua apresentou problemas que podemos considerar cacoetes da arborização urbana no Brasil (Figuras 52, 53, 54 e 55). Nitidamente, a escolha de locais inapropriados para implantação de árvores de grande porte ou plantio de árvores inadequadas para devido canteiro ou calçada foram os tipos de fitopatologias mais encontradas (13 vezes), percebendo, onde existia árvores, o completo desnivelamento e destruição dos passeios ou a iminência de um corte da energia/incêndio próximo à fiação aérea. Isso nos faz lembrar também da luminosidade noturna, que é bastante afetada pelas escolhas – gostamos de andar em vácuos escuros? Em certas áreas foram usadas plantas não tão altas e de sistema radicular brando, algo positivo para as calçadas e postes, contudo, implantados impedindo a visualização da rua – algo ruim quando se trata de uma esquina ou comércio. Outra situação percebida foi a existência de cercas vivas com plantas nocivas (cauterizantes e tóxicas) próximos a certos estabelecimentos, caso da Coroa-de-Cristo – uso em prol de segurança, mas inadequado da forma como se apresenta.

Figura 52 – Fitopatologias ambiental-sanitárias

Escala: 1:400

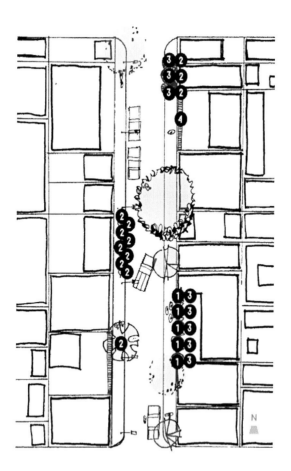

Legenda: 1: Animais indesejados; 2: Não proteção solar; 3: Inflamável; 4: Tóxica
Fonte: o autor, 2020

Figura 53 – Fitopatologias físicas
Escala: 1:400

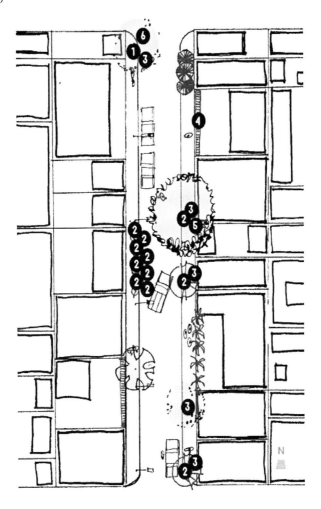

Legenda: 1: Diminuição visibilidade; 2: Bloqueio; 3: Raízes superficiais; 4: Espinhos; 5: Espinhos; 6: Fiação elétrica

Fonte: o autor, 2020

Figura 54 – Exemplo 1

Fonte: o autor, 2020

Figura 55 – Exemplo 2

Fonte: o autor, 2020

Fitopatologias psicossociológicas: podemos considerar um espaço em que a vegetação não é de todo tratada de forma negativa, com quantidade e beleza acima da média das ruas brasileiras, mas ainda sem conformação dos planos (piso, parede e teto) da caixa da rua. Algumas plantas contribuem para certas sensações negativas para os transeuntes, como no bloqueio lumínico à noite em parte das calçadas, o que gera uma impressão de insegurança, ou espinhos hostis rentes aos pavimentos.

Síntese: apesar de comuns os problemas relatados, percebe-se que as questões principais advêm da falta de critério de plantio, como a falta de apoio técnico à implantação do verde urbano nesse espaço. Não há sequer uma árvore cujo berço tivesse dimensões mínimas de 60 x 60 cm (o ideal é acima de 80 x 80 cm, isso considerando árvores de raízes axiais), mesmo com calçadas generosas, a escolha de espécies é bastante restrita (percebam o número elevado de murtas em relação às outras plantas) e a qualidade espacial oferecida está comprometida.

A existência de fiações aéreas e de marquises – junto à exibição irrestrita de vitrines cria conflitos com o verde, percebendo-se sombra boa em certos espaços e, em outros, a escolha somente estética. Algo que também é comum à cidade e que se repete nessa rua é o empirismo, não havendo planejamento algum além do olhar dos donos dos lotes para a implantação vegetal no espaço da calçada, revelando vários problemas com a rede elétrica, os materiais dos passeios e a clara pontualidade de elementos, os quais não conseguem se comunicar em uma linguagem uníssona ou, pelo menos, consoante.

Fica a impressão de certo desleixo e pouco caso com a vegetação pelo que ficou exposto, mesmo em quantidade relativamente alta, tratando-a como um acessório distante, em que os estratos e espécies não dialogam ou fornecem benefícios.

Recomendações:

- Retirar árvores de grande porte, como o Chapéu-de-Sol, e plantar outras de porte mais apropriado para a proximidade com a fiação elétrica.

- Fazer golas maiores (mín. 60 x 60 cm) para as árvores.

- Criar uma sintonia estético-funcional dentro da rua.

- Criar barreiras ou retirar as plantas com espinhos e venenosas do contato com os transeuntes.

- Retirar a Mangueira de onde está e plantar uma árvore sem frutos pesados naquele espaço, ou proteger os transeuntes de alguma forma.

- Limpar as folhas secas das Washingtôneas.

- Plantar mais plantas frutíferas.

- Executar podas que favoreçam a circulação dos pedestres e pensar que os transeuntes merecem caminhos sombreados.

CONSIDERAÇÕES FINAIS

Após esse longo processo, temos compilados um acervo complexo e rico acerca de vegetação urbana e de tipologias de ruas. Os apontamentos surgiram por entre a pesquisa e a temporalidade, direcionando-se diferente a cada peça acoplada, seja conselho técnico, percalço na observação ou necessidade de síntese, ajustando-se às ferramentas e o que se realmente almejava com este estudo.

Percebendo isso, neste momento de conclusão, parece justo finalizar com o contexto da pesquisa em si, os processos caminhados para se ter este estudo. Isso se faz necessário pela necessidade implícita no texto de se caracterizar como um escopo de análise global, não preso propriamente em cidades ou biomas, separando a seara de estudos de casos da ferramenta que se pretende aplicar junto aos insumos dados para se chegar a ela.

Com o que foi apresentado, Brasília, Pequim ou Paris podem ser estudadas pela mesma ferramenta, devendo o pesquisador adaptar suas posições críticas frente ao contexto dessas outras cidades, analisando com lentes próprias cada uma.

ANÁLISE DO EXERCÍCIO DE INVESTIGAÇÃO FITOPATOLÓGICO E O QUE PROPOR A PARTIR DISSO

Não menos justo com o tempo, foram bastantes dias para se apresentar o que está aqui exposto. Mais justo seria dizer que foram anos de graduação, mestrado e estudo no qual estava sendo problematizada esta pesquisa, caminhando em torno de questões que poucos se atentavam. Mas pesquisa serve para isso mesmo, olhar o que já foi visto e reinventar por meio de outra luneta ou se interessar pelo que muitos renegam ou ainda não tiveram interesse.

Neste presente caso, apresentar aos leitores, leigos e comunidade acadêmica/técnica uma ótica diferente de um objeto intensamente debatido traduziu-se na análise da vegetação urbana por intermédio do que são erros comuns de implantação. Mais: enxergar o verde das cidades como um elemento compositivo conectado a A, B e C, não podendo estar preso à estética do desenho formal, nem ao rigor botânico.

Um a um, os objetivos estabelecidos na Introdução foram sendo cumpridos, como entender a vegetação urbana, o ás da questão, insumo necessário e polêmico. Percebemos a gama complexa que o verde é e as traduções que ele impõe aos espaços da cidade. Elemento morfológico imprescindível, ficou claro desde o início que a vegetação configura com benesses e malefícios as pólis, a depender da implantação.

Nessa imersão, esboçar uma caracterização geral fitopatológica urbana foi se tornando um ato natural de apresentação da leitura do verde, sendo que os campos mais diversos foram adentrando ao escopo do projeto. Tendo uma leitura da paisagem ampla, pontou-se características e casos comuns, com fácil acepção pelos técnicos dada a quantidade de referências sobre o assunto – problemas físicos de raízes e copas, por exemplo – e outros bem menos compreendidos pelos meios mais exatos, em que a filosofia do espaço e dos elementos deveria estar em pauta, sem somas ou metragens, mas interpretado. Foram apresentadas as Fitopatologias Ambiental-sanitárias, Físicas e Psicossociológicas.

Contudo, não era possível estudar todos os espaços urbanos das cidades, mesmo introduzindo um campo de investigação amplo. Era preciso, assim, arredondar as alternativas e escolher um recorte interessante para exemplificar o que foi descrito como diferente campo de conhecimento. Logo, a rua tornou-se o espaço livre ideal de análise, na qual a interlocução com a vegetação seria mais proveitosa para este estudo.

Por quê? Muito embora parques e áreas de proteção ambiental tenham mais árvores e herbáceas do que qualquer rua, este último espaço é o real promovedor da vivência das cidades, onde andamos, conversamos, a dinâmica de fato flui e a urbe se organiza, sendo eloquentes a mágica e os distúrbios que simples arbustos podem provocar. Assim, a bibliografia se conectou à tectônica construída e a plantada. A rua, mais do que estudo de caso, foi destrinchada e reorganizada para esta pesquisa, percebendo-se a estruturação pura e como o verde perpassou historicamente pela evolução da pavimentação.

Notados o objeto e a malha de caso, o último objetivo seria desenvolver uma cadeia de métodos, a principal meta, para essa leitura da vegetação urbana e das fitopatologias existentes, culminando depois em seu teste em campo. Foram elencados como procedimentos a reunião de materiais, o recorte físico-espacial, o tempo de campo, os parâmetros gerais de investigação (históricos, morfourbanísticos, fisioambientais, antrossociológicos), com a produção de mapas e outras imagens, e os parâmetros específicos de vegetação e fitopatológicos urbanos, com a produção de mais mapas e imagens, junto a tabelas e gráficos. Foi feita uma cadeia de investigação fitopatológica urbana.

Além da evolução temos os desafios dessa empreitada. Conquanto tenha parecido ser um trabalho negativo acerca das plantas na cidade, é preciso falar que se tratou o tempo todo de uma nau na direção contrária. Isso pode ser dito como primeira dualidade de questões apresentadas no percurso da pesquisa.

Além dessa dicotomia, salutar e promovedora do enriquecimento do texto, esse exercício também foi abstrato, para não dizer difícil, árduo principalmente devido a pouca literatura específica sobre o assunto. Sim, cada trecho escrito aqui é uma mescla de colagens e folheios de livros e artigos de campos diversos, com poucas coincidências e nexos. A costura de palavras sintéticas e precisas da esfera florestal com os círculos promovidos muitas vezes pela arquitetura e a geografia, não claros a olhos nus, foi um momento de aprendizado satisfatório, em que mais uma vez reafirmou a vocação paisagística do texto. A paisagem é uma apreensão humana dos lugares e não lugares, a percepção, a sensibilidade frente ao espaço; tudo isso extrapola o enxergável, é práxis e é translúcido como é uma ótica de mais de um nicho de conhecimento.

Algo que também foi costurado foi a metodologia. Mesmo tendo uma base vinda da graduação, o texto se tornou muito mais rico depois. Um estudo antes somente focado no objeto, tornou-se um processo de leitura plural. Galgando em leituras e orientações, o campo visual foi aumentando, inserindo parâmetros urbanísticos, mais pontos sobre a vegetação, como noções antropológicas e sociais, dando visões completamente diferentes do espaço do que somente números. Os tópicos ficaram mais claros e as etapas fluíram com o tempo, fomentando-se, como descrito alguns parágrafos atrás, em uma cadeia de métodos bem definidos.

No mais, aqui temos uma síntese de um estudo que foi realmente experimentado em campo. Para o pesquisador, o novo sempre é um processo de teste de limites, e testar os procedimentos de diagnóstico em uma cidade a quilômetros de distância da sua, em ruas espalhadas pela malha urbana (norte, sul, leste e oeste), em um período bem limitado, era mais desafiador ainda.

Apesar de os resultados terem apresentado o cumprimento do estudo, era importante dizer o quanto cada rua teve de dedicação: em alguns dias o movimento era fraco e a aferição de fluxos e permanências quase inócua; em certos momentos os moradores não enxergavam bem a minha presença ou a vegetação era difícil de ser descrita (um arquiteto observando parâmetros botânicos e procurando nomes científicos, algo natural para muitos biólogos, mas moroso, por mais aprazível que seja, para um cidadão das ciências sociais aplicadas). Positiva novamente a superação de todas as barreiras.

E eis que ficam algumas perguntas: proposições e por que estudar fitopatologias urbanas. Interessante se perguntar isto: por que estudar fitopatologias urbanas? Aonde se chega com isso?

Primeiramente, criar uma literatura. Em alguns pontos do texto reclamamos da ausência de links entre os temas e os escritos pelos pesquisadores, não conversando com a paisagem, mas tendo somente objetos ou parcelas do panorama. Então, criar uma base para estudos mais coesos era fundamental, nada se esgota aqui.

Em um segundo momento, agregar a metodologia e o campo de conhecimento fitopatológico urbano aos diagnósticos de Planos Diretores de Arborização (Vegetação) Urbana, com referenciais psicossociológicos, ambiental-sanitários e físicos, superando o agronômico-florestal, as qualidades fitossanitárias e as regras básicas de contato com o solo, rede elétrica e comunicação visual, mas sem excluí-las, complementando-os. Apresentam-se, dessa forma, inventários urbanos com mais de uma área do conhecimento no planejamento do verde urbano. A ferramenta proposta (ficha) auxiliou neste estudo, expondo diversas características e elementos em um mesmo texto. Expondo sequencialmente:

1. Conhecer a cidade por meio de olhares multidisciplinares, os quais nem sempre trazem versões e ideias cuja viabilidade física é o crucial, e que expõem a possibilidades e reconhecimentos do município, região, bairro, até a rua de forma única (trabalho com profissionais geógrafos, arquitetos e urbanistas, agrônomos, biólogos, engenheiros e antropólogos, por exemplo, equipes de especialistas diferentes) – Reconhece-se a vegetação do bioma, as preferências por exóticas, as manias de plantio, a cultura e os padrões urbanos locais.

2. Produzir tabelas, mapas e imagens de gama urbanística, fitopatológica e botânica, demonstrando, por meios planificados e visuais, o diagnóstico e o inventário do existente. Eis um momento em que

a produção dos PDAUs e do estudo fitopatológico são altamente complementares, pois se trata de uma investigação completa da vegetação urbana, não somente árvores ou um acompanhamento fitossanitário dos elementos pesquisados, mas uma tradução para a pesquisa urbana mais coerente, visto que urbanistas apreendem melhor mapeamentos do que tabelas e detalhes isolados botânicos. Temos agora interações ambiental-sanitárias, físicas e psicossociológicas.

3. Analisar todo o arcabouço criado pelo mesmo acompanhamento multidisciplinar. Os aspectos físicos e botânicos devem conversar com as perspectivas sociais e arquitetônicas, em que o embate de ideias permite refletir se toda uma fileira de árvores centenárias é mais importante de ser derrubada do que mudar a fiação elétrica, se há uma forte caracterização religiosa para a presença de certos arbustos e tal relevância é maior do que um ajardinamento projetado, ou, ainda, quais pontos da cidade precisam de intervenções mais sérias pelos riscos toxicológicos ou de desabamento de árvores. O exposto prevalece em constante diálogo com a configuração morfológica de cada espaço e as proposições surgirão desse expediente.

4. Formular normativas e seguimentos para a vegetação nas cidades, nos quais são projetadas soluções principais e guias para futuros plantios (muito de acordo com o que já foi descrito nos PDAUs atuais, com exemplos de berços, nutrição, espécies mais adequadas etc.), como dedicadas páginas com sugestões locais para o existente (não necessariamente devendo ser seguidas, mas se apresentando como indicações surgidas após análises exaustivas). Eis a esperança para um momento de reconhecimento do valor do desenho e da forma urbana, da perspectiva paisagística em todos os seus valores.

Trabalhando dessa forma, as diretrizes e recomendações tornam-se normativas e propostas adaptáveis aos contextos locais, um exercício certamente mais árduo, contudo, com uma efetividade maior. As ruas, parques e praças são contextualizados e as estratégias de modificação, manutenção e preservação tornam-se apropriadas às suas realidades: uma praça em uma zona de baixa renda apresenta uma vida urbana diferente de uma praça em uma região mais abastada, apesar de merecerem a mesma dedicação de tratamento. Logo, não é concebível pensar em alternativas similares sem um estudo das vivências locais, por exemplo (MALAMUT, 2014). O PDAU torna-se um instrumento mais ligado à comunidade e, de fato, qualifica-se como "urbano", arquitetônico e paisagístico.

O Estatuto da Cidade pavimentou o caminho para a criação dos Planos Diretores nas cidades brasileiras e novas leituras e normativas contribuíram para que os Planos de Arborização Urbana também surgissem ou evoluíssem. Hoje, grandes cidades e até mesmo médias e pequenas urbes vanguardistas trabalham com diretrizes para o verde urbano, em especial suas árvores, conferindo algum ordenamento e qualidade à produção espacial nesse sentido. É uma demanda da população espaços mais ajardinados, ambientalmente agradáveis, e é dever das gestões públicas zelar pela coletividade e o bem-estar urbano. Nossos espaços urbanos estão deteriorados, ou materialmente ou sociologicamente, e isso é bastante grave.

Embora esse desejo esteja distante de se traduzir em políticas urbanas assertivas e que os Planos de Arborização Urbana caminhem para uma compreensão mais ampla do que é cidade, percebe-se um movimento de enfrentamento a essas questões, o que é louvável. A pesquisa fitopatológica urbana, assim, tende a complementar algumas deficiências nesse processo de planejamento, apontando horizontes em toda a estrutura de trabalho existente, do diagnóstico às proposições, provocando-o a subir mais degraus na análise das urbes e dos próprios elementos que o compõem. A vegetação urbana não deve ser um assunto restrito aos parâmetros fitofisionômicos e os problemas que encontramos não são mais botânicos, mas urbanísticos.

Sem dúvida, temos que levar mais informações para o planejamento, provocá-lo em sua própria estrutura metodológica e o codificar de maneira a termos um texto arquitetônico-paisagístico. Essa é a meta.

Fechando as intenções, percebam que a vegetação, como descrito no texto, percorre, mesmo que tímida, toda a cidade. Rompendo calçadas, ornamentando edifícios ou compondo grandes extensões, como parques e praças, o verde se revela de várias maneiras pela urbe, o que reitera a fala introdutória deste texto: embora se tenha uma extensa listagem de benefícios, as plantas possuem qualidades que extrapolam o "ser inanimado, verde e que pode fazer sombra", podendo, em certos momentos, causar transtornos para os habitantes urbanos (Figura 56).

Apesar de fascinantes e teoricamente imóveis, as plantas não são brinquedos, ainda mais em espaços públicos, onde todos têm iguais direitos e há o compartilhamento. A necessidade do planejamento e a ponderação no ato de plantar, objetivos pulsantes do texto, são imprescindíveis, visto que a vegetação é elemento muito mais complexo.

Assim, para se implantar elementos vegetais e se evitar/diminuir tais degenerações, é necessário compreender suas características como um todo e ponderar acerca de várias dimensões, que vão muito além da estética, vendo também as bioclimáticas, as sanitárias, as físicas, as psicológicas, as sociais e até as econômicas. Uma árvore pode crescer até alturas vertiginosas, ter raízes agressivas, frutos pesados, galhos espalhados que podem cortar a fiação dos postes, possuir folhas venenosas e que caem com facilidade, sendo assim, essencial, levantar todas suas qualidades para não a dispor em uma rua de cinco metros de largura ou ao lado de uma escola, por exemplo (SILVA, 2014).

Embora sempre podendo agregar mais variáveis, autores e áreas do conhecimento, o estudo desenvolvido contribui para uma avaliação mais consistente da vegetação urbana e também para a requalificação, projeto e intervenção do espaço urbano. Munidos de parâmetros não somente botânicos, agronômicos e físicos, pode-se perceber potenciais, culturas e entender de verdade as razões pelas quais plantamos errado ou o que realmente é errado.

Este estudo se fechou na rua, mas a proposta é válida para todo o tipo de espaço livre urbano (parques, praças etc.), como cidade, adaptando os métodos e o que verdadeiramente é fitopatologia urbana para dado local e bioma (no Ceará, uma planta decídua não é nada favorável dentro da cidade no inverno, que é quente, enquanto no Rio Grande do Sul, a ausência de copas é vital para aquecer as calçadas e copas no mesmo período, que é frio).

Além disso, há a grande necessidade de futuros trabalhos serem alicerçados por sistemas de georreferenciamento, o que permite um acompanhamento muito mais preciso, permitindo quantitativos ágeis e descrição temporal do que foi acrescido e retirado com coordenadas.

Compilados os acertos e erros, temos um discurso e uma ferramenta de diagnóstico.

Figura 56 – Palmeiras e periquitos. Há quem não goste da música

Fonte: o autor, 2016

Precisamente, não há a intenção clara de delimitar o campo de atuação e conhecimento para seu estudo e aplicação, mas o que fica é o sentimento de abertura dos campos de informação, para pesquisadores natos da Agronomia e Arquitetura (e as várias outras ciências correlatas ao assunto), como leitores das gestões governamentais e leigos admiradores de plantas.

Pensar por meio das fitopatologias urbanas – na verdade, os rincões de possibilidades rasgados pelo esforço da pesquisa – possibilita a planejadores e jardineiros (mesmo que esporádicos) ter em mente tópicos e óticas-chaves para a redução de custos de manutenção verde nas cidades, como de acidentes envolvendo a vegetação, além da clara qualificação estético-espacial, a qual permite a recondução da flora como elemento morfológico valorativo das urbes.

Tornando este final um desfecho mais pessoal, esperamos que os leitores tenham cogitado plantar mais verde em nossas cidades, mas com algum livrinho do lado, uma cartilha de organizações ambientais ou seguindo procedimentos e normas de técnicos. Um trabalho prazeroso como esse, em que as barreiras foram classificadas como missões a serem cumpridas, e não melancólicos impedimentos, tende somente a se mostrar como um robusto alicerce para o que vem no futuro. E que assim seja!

Pensar em sustentabilidade talvez seja mesmo o foco, por que plantar pensando na coletividade nada mais é do que tornar a vegetação mecanismo de convívio da sociedade humana. E, assim, não veremos mais as ervas daninhas da mesma maneira...

BIBLIOGRAFIA

ABBUD, B. **Criando paisagens:** guia de trabalho em arquitetura paisagística. 1. ed. São Paulo: Editora Senac, 2006. 208p.

AGÊNCIA MUNICIPAL DE MEIO AMBIENTE DE GOIÂNIA (AMMA). **Plano Diretor de Arborização de Goiânia** – Instrução Normativa 030 de 05 de setembro de 2008. Goiânia: AMMA, 2008. 131p.

ALMEIDA, C. S. "Converter" a natureza em cultura? O mundo natural e as novas sensibilidades em relação aos animais, às plantas e à paisagem. **Revista Esboços**, Florianópolis, v. 18, n. 25, p. 310-315, 2011.

ALMEIDA, J. B. S. A.; FERRAUDO, S.; PIVETTA, K. F. L.; PIZETTA, P. U. C.; SILVA FILHO, D. F. Banco de dados relacional para cadastro, avaliação e manejo da arborização em vias públicas. **Revista Árvore**, Viçosa, v. 26, n. 5, p. 629-642, 2002.

ALMEIDA, M. R.; MARTINEZ, S. T.; PINTO, A. C. Alucinógenos naturais: um voo da Europa Medieval ao Brasil. **Revista Química Nova**, São Paulo, v. 32, n. 9, p. 2.501-2.507, 2009.

ALVES, A. B.; CARAUTA, J. P. P.; PINTO, A. C. **A história das figueiras ou gameleiras** [Internet]. Rio de Janeiro: IQ-UFRJ. Disponível em: http://www.i--flora.iq.ufrj.br/hist_interessantes/figueiras.pdf. Acesso em: 12 de maio de 2016.

AMERICAN SOCIETY FOR THE PREVENTION OF CRUELTY TO ANIMALS (ASPCA) [Internet]. Disponível em: http://www.aspca. org/. Acesso em: 18 de junho de 2016.

ANDRADE, L. M.; FONSECA, M. L. P. A transformação no uso dos espaços públicos em Uberlândia. *In:* V SEMANA ACADÊMICA DA UNIVERSIDADE FEDERAL DE UBERLÂNDIA, 2008, Uberlândia. **Anais** [...] Uberlândia, 2008, 29p.

ARAGÃO, S. Espaços livres condominiais. **Revista RISCO**, São Paulo, n. 6, v. 2, p. 49-64, 2007.

ARAÚJO, R.; MAGNOLI, D. **Geografia geral e do Brasil** - Paisagem e território. 2. ed. Rio de Janeiro: Editora Moderna, 1999. 392p.

ASSOCIAÇÃO BRASILEIRA DE NORMAS TÉCNICAS (ABNT). **NBR 9050:** acessibilidade a edificações, mobiliário, espaços e equipamentos urbanos. Rio de Janeiro: ABNT, 2015. 162p.

BACHER, L. B.; LORENZI, H.; SOUZA, H. M.; TORRES, M. A. V. **Árvores exóticas no Brasil** – Madeireiras, ornamentais e exóticas. 1. ed. Nova Odessa: Instituto Plantarum, 2004. 368p.

BARRACLOUGH, G. **Atlas da história do mundo**. 1. ed. São Paulo: Editora Folha de São Paulo, 1995. 320p.

BASSO, J. M.; CORRÊA, R. S. Arborização urbana e qualificação da paisagem. **Revista Paisagem e Ambiente**, São Paulo, n. 34, p. 129-148, 2014.

BASTOS, L. A.; FERREIRA, I. M. Composições fitofisionômicas do bioma cerrado: estudo sobre o subsistema de vereda. **Espaço em Revista**, Catalão, v. 12, n. 1, p. 97-108, 2010.

BATISTA, A. C.; BATISTA, D. B.; SILVA, D. A. Percepção da população quanto à arborização com Mangifera indica L. (Mangueira) nas ruas de Belém - PA. **REVSBAU**, Piracicaba, v. 10, n. 1, p. 1-18, 2015.

BATISTEL, L. M.; DIAS, M. A. B.; MARTINS, A. S.; RESENDE, I. L. de M. Diagnóstico qualitativo e quantitativo da arborização urbana nos bairros Promissão e Pedro Cardoso, Quirinópolis, Goiás. **REVSBAU**, Piracicaba, v. 4, n. 3, p. 110-129, 2009.

BENÉVOLO, L. **História da cidade**. São Paulo: Editora Perspectiva, 1997. 728p.

BENINI, S. M.; MARTIN, E. S. Decifrando as áreas verdes públicas. **Revista Formação**, São Paulo, v. 2, n. 17, p. 63-80, 2010.

BEN-JOSEPH, E.; SOUTHWORTH, M. **Streets and the shapping of towns and cities**. 1. ed. Londres: Island Press, 2003. 200p.

BERQUE, A. Médiance, de milieux en paysages, 1990. *In:* OSEKI, J. H.; PELLEGRINO, P. R. M. **Paisagem, sociedade e ambiente**. São Carlos: Editora de São Carlos. p. 486-523. Disponível em: http://nead.uesc.br/arquivos/Biologia/modulo_7_bloco__4/sociedade_economia_meio_ambiente/material_apoio/paisagem_sociedade_ambiente.pdf. Acesso em: 18 de agosto de 2015.

BESSA, C. O.; CARRILHO, C. J.; LIMA, S. C.; RIBEIRO, B. R. A.; SILVA, F. B. Estudo da arborização urbana no bairro Morumbi, na cidade de Uberlândia (MG). *In:* I ENCONTRO DOS GEÓGRAFOS DE UBERLÂNDIA, 2000, Uberlândia. Cd-rom. **Anais** [...] Uberlândia : Instituto de Geografia - UFU, 2000. n. p.

BESSE, J. L'espace public: espace politique et paysage familier. *In:* RENCONTRES DE L'ESPACE PUBLIC, LILLE METROPOLE COMMUNAUTE URBAINE,

2006, Lille (França). Annales de Rencontres de l'espace public, Lille Métropole Communauté Urbaine, Lille (França), 2006, 19p.

BITTENCOURT, L. C. O desenho do colonizador. **Revista Seminário da História da Cidade e do Urbanismo**, Rio de Janeiro, v. 1, n. 1, p. 92-102, 1990.

BORGES, S. S.; LIMA, S. C.; MELO, P. H.; SILVA, A. M.; SILVA, E. M. Estudo da arborização urbana do bairro Mansour, na cidade de Uberlândia - MG. **Revista Caminhos de Geografia**, Uberlândia, v. 3, n. 5, p. 73-83, 2002.

BORTOLETO, S.; SILVA FILHO, D. F. Uso de indicadores de diversidade na definição de plano de manejo da arborização viária de Águas de São Pedro - SP. **Revista Árvore**, Viçosa, v. 29, n. 6, p. 973-982, 2005.

BOURLEGAT, J. M. G.; CARBONI, M.; ISERNHAGEN, I. Trazendo a riqueza arbórea regional para dentro das cidades: possibilidades, limitações e benefícios. **REVSBAU**, SBAU, Piracicaba, v. 4, n. 2, p. 117-138, 2009.

CAMPOS, P. M. Menina do Jardim. *In:* ANDRADE, C. D.; BRAGA, R.; CAMPOS, P. M.; SABINO, F. **Crônicas I**. 27. ed. Cap. 2. São Paulo: Editora Ática, 2009. 86p. p. 14-16.

CANÉ, L. Jardinería práctica. 1. ed. Buenos Aires. **Revista Jardín**, 2009. 176p.

CAPELLO, M. B. C.; PAIVA, K. F. Documentação dos projetos para a Praça Sérgio Pacheco em Uberlândia: a proposta de Ary Garcia Roza e Roberto Burle Marx. **Horizonte Científico**, UFU, Uberlândia, v. 5, n. 2, p. 1-35. 2011.

CARNEIRO, A. R. S.; MESQUITA, L. **Espaços livres do Recife**. 1. ed. Recife: Universidade Federal de Pernambuco e Prefeitura do Recife, 2000. 139p.

CARNEIRO, C. A. Lágrima comprida, 1960. *In:* LOPES, V. M. Q. C. **Uberlândia:** história por entre trilhas, trilhos e outros caminhos. 1. ed. Uberlândia: Edufu, 2010. p. 33.

CASTELLO, L. **A percepção de lugar** - Repensando o conceito de lugar em arquitetura -urbanismo. 1. ed. Porto Alegre: Livraria do Arquiteto, 2007. 328p.

CAUQUELIN, A. **A invenção da paisagem**. São Paulo: Martins Fontes, 2007. 198p.

CAVALHEIRO, F.; DEL PICCHIA, P. C. D. Áreas verdes: conceitos, objetivos e diretrizes para o planejamento. *In:* I CONGRESSO BRASILEIRO SOBRE ARBORIZAÇÃO URBANA, 13-18 set. 1992, Vitória. **Anais** [...]. Vitória: Sociedade Brasileira de Arborização Urbana, 1992. p. 29-38.

CAVALHEIRO et al. Problemas de utilização na Conceituação de termos como espaços livres áreas verdes e correlatos. In: II CONGRESSO BRASILEIRO SOBRE ARBORIZAÇÃO URBANA, 18-24 set. 1994, São Luiz. **Anais** [...]. São Luiz: Sociedade Brasileira de Arborização Urbana, 1994, p. 539-553.

CAVALHEIRO et al. Proposição de terminologia para o verde urbano. **Boletim Informativo da Sociedade Brasileira de Arborização Urbana**, SBAU, Rio de Janeiro, ano VII, n. 3. p. 7, 1999.

CAVALHEIRO, R.; CECHIN, N. F.; FANTINE, R. A.; PONS, P. G.; ROSA, D. C. Identificação e quantificação de espécies com princípios tóxicos ou alérgicos na arborização de ruas e avenidas São Gabriel - RS. **REVSBAU**, SBAU, Piracicaba, v. 1, n. 10, p. 61-70, 2015.

CAXAMBU et al. Análise quali-quantitativa da arborização de ruas do município de Godoy Moreira - PR. **REVSBAU**, SBAU, Piracicaba, v. 1, n. 10, p. 71-81, 2015.

CERQUEIRA et al. **Palmeiras Brasileiras e Exóticas Cultivadas**. 2. ed. Nova Odessa: Instituto Plantarum, 2004. 416p.

CHING, F. D. K. **Dicionário visual de arquitetura**. 2. ed. São Paulo: Editora Martins Fontes, 2010. 320p.

CHOAY, F. **O urbanismo**. 1. ed. São Paulo: Editora Perspectiva, 1965. 352p.

CLOS, J. Prólogo, 2015. In: KARSSENBERG, H.; LAVEN, J.; GLASSER, M.; VAN› THOFF, M. (org.). **A cidade ao nível dos olhos**. Porto Alegre: EDIPUCRS, 2015. p. 8-9.

COCOZZA, G. P.; OLIVEIRA, L. M. Forma urbana e espaços livres na cidade de Uberlândia (MG), Brasil. **Revista Paisagem e Ambiente**, São Paulo, v. 32, p. 9-32, 2013.

COCOZZA, G. P.; COLESANTI, M. M.; FERREIRA, W. R.; FOUQUET, F.; GUERRA, M. E. A.; RIOS, A. L. M. Forma urbana e espaços livres nas cidades médias do Triângulo Mineiro e Alto Paranaíba. **Revista Paisagem e Ambiente**, São Paulo, v. 33, p. 127-136, 2014.

COCOZZA, G. P.; VERA, J. P. A. As travessas na forma urbana de Uberlândia - MG. In: I CONGRESSO INTERNACIONAL DE ESPAÇOS PÚBLICOS, 19-22 de outubro de 2015, Porto Alegre. **Anais** [...]. Porto Alegre: PUCRS, 2015, n. p.

COLETTO, E. P; MULLER, N. G; WOLSKI, S. S. Diagnóstico da arborização das vias públicas do município de Sete de Setembro - RS. **REVSBAU**, Piracicaba, v. 3, n. 2, p. 110-122, 2008.

COMPANHIA ENERGÉTICA DE MINAS GERAIS (CEMIG). **Manual de arborização**. Belo Horizonte: Fundação Biodiversitas, 2011. 112p.

COMPANHIA PARANAENSE DE ENERGIA (COPEL). **Arborização de vias públicas:** guia para municípios [Internet] Curitiba, Copel, 2009. Disponível em: http://www.copel.com/. Acesso em: 02 de janeiro de 2017.

CORBUSIER, L. **Planejamento urbano**. 2. ed. São Paulo: Editora Perspectiva, 1971. 204 p.

CORBUSIER, L. **Três estabelecimentos humanos**. 2. ed. São Paulo: Editora Perspectiva, 1976. 268p.

COSTA E LIMA, R. M. **Avaliação da arborização urbana do Plano Piloto**. 2009. 48fl. Dissertação (Mestrado em Ciências Florestais) – Faculdade de Tecnologia, Universidade de Brasília, Brasília, 2009.

COSTA, L. **Arquitetura**. 2. ed. Rio de Janeiro: Editora José Olympio, 2003. 160p.

COSTA, R. A.; NUNES, B. B. S. Qualidade de vida e espaços livres públicos do setor oeste da cidade de Uberlândia/MG. **Revista Caminhos da Geografia**, Uberlândia, v. 11, n. 36, p. 284-1.294, 2010.

CROSARA, R. A percepção da população do bairro Jardim Umuarama sobre a importância de sua arborização. **Revista Geosaberes**, Fortaleza, v. 4, n. 7, p. 16-32, 2013.

CUBAS, S.; MARANHO, L. T. MAZZAROTTO, A. S. Florestas urbanas: método de avaliação para gestão das áreas verdes. **Revista Floresta**, Curitiba, v. 41, n. 3, p. 501-518, 2011.

DAJOZ, R. **Ecologia Geral**. 2. ed. Rio de Janeiro: Editora Vozes, 1973. 472p.

DANTAS I. C.; SOUZA, C. M. C. Arborização urbana na cidade de Campina Grande-PB: Inventário e suas espécies. **Revista de Biologia e Ciências da Terra**, João Pessoa, v. 4, n. 2, [n. p.], 2004.

DEL RIO, V. **Introdução ao desenho urbano**. 1. ed. São Paulo: Editora Pini, 1990. 200p.

Department for Transport of London (DFT). **Manual of Streets**. Londres: Thomas Telford Publishing, 2007. 144p.

DONADIEU, P. Pour une conservation inventive des paysages. *In:* BERQUE, A. (org.). **Cinq propositions pour une théorie du paysage**. 1. ed. Cap. 3. Ceyzérieu, França: Editions Champ Vallon, 1994. 123p.

DOURADO, G. M. **Belle Époque dos Jardins**. 1. ed. São Paulo: Editora Senac, 2011. 252p.

DRUON, Maurice. **O menino do dedo verde**. 82. ed. Rio de Janeiro: Editora José Olympio, 2003. 112p.

DUARTE, C. R.; VILLANOVA; R. (org.). **Novos olhares sobre o lugar.** Ferramentas e metodologias, da arquitetura à antropologia. Rio de Janeiro: Contracapa; Faperj, 2013. 240p.

ECKBO, G. The landscape we see, 1969. *In:* TELES, D. M. **Tratamento paisagístico de espaços livre públicos de Superquadras do Sudoeste:** o abandono da concepção modernista. 2005. 84fl. Dissertação (Mestrado em Arquitetura e Urbanismo) – PPG-FAU, Universidade de Brasília, Brasília, 2005. p. 17.

EMBRAPA FLORESTAS [Internet]. Disponível em: http://www.cnpf.embrapa.br/index.htm. Acesso em: 07 de janeiro de 2017.

FARAH, I. M. C. Árvore e população: as relações que se estabelecem no contexto da cidade. **Revista Paisagem e Ambiente**, São Paulo, v. 1, n. 18, p. 99-120, 2004.

FARIA, R. F.; MIRANDA, S. C.; SOUSA, V. R. Arborização urbana da cidade de Itapuranga, Goiás. **REVSBAU**, Piracicaba, v. 9, n. 2, p. 101-117, 2014.

FERRAZ *et al*. Identificação das espécies ornamentais nocivas na arborização urbana de Santiago/RS. **REVSBAU**, Piracicaba, v. 6, n. 2, p. 44-56, 2011.

FERREIRA, A. B. H. **Novo Dicionário da Língua Portuguesa**. Rio de Janeiro: Editora Nova Fronteira, 1986. 1838p.

FULGERI, D. F. O conceito de natureza em Rousseau. **Revista Paradigmas**, Santos, ano 3, n. 12, [n. p.], 2003. Disponível em: http:// www.paradigmas.com.br/index.php/revista/edicoes-11-a-20/edicao-12/215-conceito-de-natureza-em-rousseau. Acesso em: 06 de agosto de 2015.

GANDOLFI, S.; RODRIGUES, R. R. Recomposição de florestas nativas: algumas perspectivas metodológicas para o Estado de São Paulo. *In:* III CURSO DE ATUALIZAÇÃO EM RECUPERAÇÃO DE ÁREAS DEGRADADAS, 1996, Curitiba. **Anais** [...]. Curitiba: FUPEF/UFPR, 1996. p. 83-100.

GEROLLA, G. Paisagista receita verde para combater a violência. **Jornal Folha de São Paulo**, São Paulo, Caderno Construção, 13 de agosto. 2006. Disponível em: http://www1.folha.uol.com.br/fsp/construcao/cs1308200604.htm. Acesso em: 20 de agosto de 2015.

GILMAN, E. F.; WATSON, D. G. **Washingtonia filifera, desert palm**. Gainesville: Universidade da Flórida, 1994. Disponível em: https://edis.ifas.ufl.edu/st669. Acesso em: 19 de dezembro de 2015.

GONÇALVES, E. G.; LORENZI, H. **Morfologia vegetal**. 2. ed. Nova Odessa: Instituto Plantarum, 2011. 544p.

GONDIM, M. F. **Cadernos de desenho ciclovias**. Rio de Janeiro: Coppe, 2010. 110p.

GOYA, C. R. Os jardins e a vegetação no espaço urbano na cidade ibero-americana. **Revista Seminário da História da Cidade e do Urbanismo**, Rio de Janeiro, v. 3, n. 2, p. 92-102, 1994.

GUERRA, M. E. A. As praças modernas de João Jorge Coury no Triângulo Mineiro - A Praça Tubal Vilela. *In:* V SEMINÁRIO DE HISTÓRIA DA CIDADE E DO URBANISMO, 1998, Campinas. **Anais** [...]. Campinas: Pontifícia Universidade Católica de Campinas - PUCCAMP, 1998, n. p.

GUTIÉRREZ, R. **Arquitectura e Urbanismo em Iberoamérica.** Madri (Espanha): Ediciones Cátedra, 1983. [n. p.].

GUTIÉRREZ, R. O princípio do urbanismo na Argentina. Parte 1 – O aporte francês. **Arquitextos (Vitruvius)**, São Paulo, ano 08, n. 087.01, 2007. Disponível em: http://www.vitruvius.com.br/revistas/read/arquitextos/08.087/216. Acesso em: 15 de outubro de 2016.

HENEINE, M. C. A. S. **Cobertura verde**. 2008. 25fl. Dissertação (Especialização em Construção Civil) – Escola de Engenharia, UFMG - Universidade Federal de Minas Gerais, Belo Horizonte, 2008.

HOFFMAN, W. A.; MOREIRA, A. G. The role of fire in population dynamics of woody plants, 2002. *In:* MARQUIS, R. J.; OLIVEIRA, P. S; (ed.). **The cerrados of Brazil:** ecology and natural history of a neotropical savana. 1. ed. Nova Iorque: Columbia University Press, 2002. p. 159-177.

HOLANDA, F. **10 mandamentos de arquitetura**. 1. ed. Brasília: Editora FRBH, 2013. 344p.

INSTITUTO BRASILEIRO DE ADMINISTRAÇÃO MUNICIPAL – CENTRO DE ESTUDOS E PESQUISAS URBANAS (IBAM/CPU). **Manual para implantação de mobiliário urbano na Cidade do Rio de Janeiro**. 1. ed. Rio de Janeiro: PCRJ/SMU, 1996. 86p.

INSTITUTO BIOLÓGICO DE SÃO PAULO (IB-SP). [Internet]. Disponível em: http://www.biologico.sp.gov. br/. Acesso em: 30 de abril de 2016.

INSTITUTO BRASILEIRO DE FLORESTAS (IBF). [Internet]. Disponível em: http://www.ibflorestas.org.br/. Acesso em: 15 de março de 2017.

INSTITUTO BRASILEIRO DE GEOGRAFIA E ESTATÍSTICA (IBGE). **Manual Técnico da Vegetação Brasileira**. Brasília: IBGE, 2012. 271p.

JACOBS, A. B. **Great streets**. 1. ed. Cambrigde: Editora MIT Press, 1995. 332p.

JACOBS, J. **Morte e vida das grandes cidades americanas**. 2. ed. São Paulo: Editora Martins Fontes, 2010. 510p.

JARDINEIRO.NET [Internet]. Disponível em: http://www.jardineiro.net/. Acesso em: 20 de junho de 2017.

JOHNSON, A. ; JOHNSON, S. Garden plants poisonous to people [Internet]. Austrália: NSW DPI, **Revista eletrônica PriMeFaCt**, ed. 359, novembro de 2006. Disponível em: http://www.dpi.nsw.gov. au/__data/assets/pdf_file/0008/ 112796/garden-plants-poisonous-to-people.pdf. Acesso em: 13 de agosto de 2015.

JORNAL DE BRASÍLIA (JB). Travessura leva 80 ao Hran, 2009. *In:* UnB Clipping. **Travessura leva 80 ao Hran**. Brasília: UnB Clipping, 2009. Disponível em: http://www.unb.br/noticias/unbagencia/cpmod.php?id=28111). Acesso em: 20 de agosto de 2015.

KARSSENBERG, H.; LAVEN, J.; GLASSER, M.; VAN' THOFF, M. (org.). **A cidade ao nível dos olhos.** Porto Alegre: EDIPUCRS, 2015. 344p.

KEW ROYAL BOTANIC GARDENS (KEW) [Internet]. Disponível em: http://www.kew.org/. Acesso em: 15 de junho de 2017.

KOHLSDORF, M. E. **A apreensão da forma da cidade**. 1. ed. Brasília: Editora UnB, 1996. 256p.

KONIJNENDIJK *et al.* (org.). **Urban forests and trees** – A reference book. Berlim: Editora Springer-Verlag GmbH, 2005. 516p.

LAMAS, J. M. R. G. **Morfologia urbana e desenho da cidade**. 7. ed. Barcelona: Editora Blume, 2014. 592p.

LEITÃO, L. (org.). **As praças que a gente quer:** manual de procedimentos para intervenção em praças. Recife: Prefeitura de Recife, 2002. [n. p.].

LEITÃO, L. Quando o ambiente é hostil. *In:* III XII CONGRESSO BRASILEIRO DE SOCIOLOGIA, 31 de maio a 03 de junho de 2005, Belo Horizonte. **Anais** [...]. Belo Horizonte: Sociedade Brasileira de Sociologia, 2005, n. p.

LINK, D. Plantas perigosas fazem parte de projetos de arborização e paisagismo, 1998. *In:* MASCARÓ, J. L., MASCARÓ, L. E. A. R. **Vegetação urbana**. 2. ed. Porto Alegre: Editora +4, 2015. p. 113.

LOMBARDO, M. A. Vegetação e clima. *In:* III ENCONTRO NACIONAL SOBRE ARBORIZAÇÃO URBANA, 1990, Curitiba. **Anais** [...]. Curitiba: Fundação de Pesquisas Florestais do Paraná, 1990, p. 1-13.

LORENZI, H. **Árvores brasileiras** – Manual de identificação e cultivo de plantas arbóreas nativas do Brasil. v. 01. 4. ed. Nova Odessa : Instituto Plantarum, 2002a. 384p.

LORENZI, H. **Árvores Brasileiras** – Manual de identificação e cultivo de plantas arbóreas nativas do Brasil. v. 02. 2. ed. Nova Odessa: Instituto Plantarum, 2002b. 384p.

LORENZI, H.; MATOS, F. J. A. **Plantas medicinais no Brasil** – Nativas e exóticas. 2. ed. Nova Odessa: Instituto Plantarum, 2008. 554p.

LORENZI, H.; SOUZA, H. M. **Plantas ornamentais no Brasil** – Arbustivas, herbáceas e trepadeiras. 3. ed. Nova Odessa: Instituto Plantarum, 2001. 1120p.

LORENZI, H.; SOUZA, V. C. **Botânica sistemática**. 3. ed. Nova Odessa: Instituto Plantarum, 2012. 768p.

LYNCH, K. **A imagem da cidade**. Lisboa: Edições 70, 2005. 208p.

MACEDO, S. S. A vegetação como elemento de projeto. **Revista Paisagem e Ambiente**, São Paulo, v. 4, p. 11-41, 1992.

MACEDO, S. S. Espaços livres. **Revista Paisagem e Ambiente**, São Paulo, v. 7, p. 15-56, 1995.

MACEDO, S. S. **Quadro do paisagismo no Brasil (1783-2000)**. 2. ed. São Paulo: Editora Edusp, 2015. 148p.

MAGNOLI, M. M. O parque no desenho urbano. **Revista Paisagem e Ambiente**, São Paulo, v. 21, p. 199-214, 2006.

MALAMUT, M. **Paisagismo:** projetando espaços livres. 1. ed. Lauro de Freitas: Editora Livro.com, 2014. 148p.

MASCARÓ, J. L., MASCARÓ, L. E. A. R. **Vegetação urbana**. 2. ed. Porto Alegre: Editora +4, 2010. 232p.

MASCARÓ, J. L., MASCARÓ, L. E. A. R. **Vegetação urbana**. 3. ed. Porto Alegre: Editora +4, 2015, 232p.

MASCARÓ, L. E. A. R. **Ambiência urbana**. 3. ed. Porto Alegre: Editora +4, 2009. 200p.

MELAZO, G. C. **Mapeamento da cobertura arbóreo-arbustiva em quatro bairros de Uberlândia-MG**. 2008. 100fl. Dissertação (Mestrado em Engenharia Civil) – PPG-FE, UFU - Universidade Federal de Uberlândia, Uberlândia, 2008.

MINEV, I. **Onde estão as flores**. 1. ed. São Paulo: Editora Virgiliae, 2014. 248p.

MIRANDA, H. S. Queimadas de cerrado: caracterização e impactos na vegetação, 2000. *In:* **Plano de Prevenção e Combate aos Incêndios Florestais do DF**. Brasília: Secretaria do Meio Ambiente e Recursos Hídricos do Distrito Federal, 2000. p. 133-149.

MOCELLIN, M. G. Bromélias são importantes focos de Aedes aegypti e Aedes albopictus no Rio de Janeiro? Uma avaliação em diferentes espécies de bromélias do Jardim Botânico do Rio de Janeiro. *In:* XIII REUNIÃO ANUAL DE INICIAÇÃO CIENTÍFICA. Rio de Janeiro, 2005. **Anais** [...]. Rio de Janeiro, 2005, n. p.

MORAES, F. B. Padrões de gestão e produção do espaço urbano e metropolitano do Brasil: Trajetórias e tendências. **Revista Seminário da História da Cidade e do Urbanismo**, Rio de Janeiro, v. 4, n. 4, p. 1.003-1.011, 1996.

MORAIS, N. A; MOURA, T. M.; SERPA, D. S. Arborização urbana em três municípios do Sul do estado de Goiás: Morrinhos, Goiatuba e Caldas. **REVSBAU**, Piracicaba, v. 4, n. 3, p. 98-112, 2009.

NIEMEYER, C. A. C. **Paisagismo no planejamento arquitetônico**. Uberlândia: Edufu, 2011. 138p.

NUTTGENS, P. **The story of architecture**. 2. ed. Londres: Phaidon Press, 1997. 352p.

OLIVEIRA, A. F. Uso da classificação da vegetação no manejo integrado entre árvores e redes de distribuição de energia elétrica. **REVSBAU**, Piracicaba, v. 9, n. 2, p. 168-183, 2014.

OSEKI, J. H.; PELLEGRINO, P. R. M. **Paisagem, sociedade e ambiente**. São Carlos, UESC, p. 486-523. Disponível em: http://nead.uesc.br/arquivos/Biologia/modulo_7_bloco__4/sociedade_economia_meio_ambiente/material_apoio/paisagem_sociedade_ambiente.pdf. Acesso em: 18 de agosto de 2015.

PANERAI, P. **Análise urbana**. 1. ed. Brasília: Editora UnB, 2006. 198 p.

PEREIRA, B. A. S.; SILVA JR., M. C. **Mais 100 árvores do cerrado, matas de galeria, guia de campo**. 1. ed. Brasília: Rede de Sementes do Cerrado, 2009. 288p.

PHAIDON PRESS. **The Garden Book**. 1. ed. Nova Iorque: Phaidon Press, 2003. 520p.

PINHEIRO, E.; UGLIONE, P. A memória do futuro e a busca por uma nova sensibilidade citadina. *In:* DUARTE, C. R.; VILLANOVA, R. (org.). **Novos olhares sobre o lugar. Ferramentas e metodologias, da arquitetura à antropologia**. Rio de Janeiro: Contracapa, Faperj, 2013. p. 129-144.

PIVETTA, K. F. L.; SILVA FILHO, D. F. Arborização urbana. **Boletim acadêmico:** série arborização urbana. Jaboticabal: Editora Unesp, 2002.

PORTANTIOLO, C. S. **Ficha de informações de segurança de produto químico** – Terebintina. Joinville: Indústrias Quimidrol, 2012.

SÃO PAULO. Decreto n.º 49.346, de 27 de março de 2008. Regulamenta a Lei n.º 14.454, de 27 de junho de 2007, que consolida a legislação municipal sobre a denominação e a alteração da denominação de vias, logradouros e próprios municipais, bem como revoga os dispositivos e decretos que especifica. **Diário Oficial da Cidade de São Paulo**, São Paulo, 28 de março de 2008. ano 53, n. 58, p. 1-3.

QUATREMÈRE DE QUINCY, A. **Dictionnaire historique d'architecture**. 1. ed. Paris: Librairie D'Adrien Le Clare, 1832. 726p.

RAVEN, P. H.; EICHHORN, S. E.; EVERT, R. F. **Biology of plants**. Nova Iorque: Worth Publishers, 1992. 791p.

REIS FILHO, N. G. **Quadro da arquitetura no Brasil**. 3. ed. São Paulo: Editora Perspectiva, 1976. 212p.

RIBEIRO, J. F; WALTER, B. M. T. As principais fitofisionomias do Bioma Cerrado. *In:* SANO, S. M.; ALMEIDA, S. P; RIBEIRO, J. F. **Cerrado:** ecologia e flora. v. 1. Brasília: Embrapa, 2008. p. 152-212.

ROGERS, R. **Cidades para um pequeno planeta**. 1. ed. Barcelona: Ed. Gustavo Gili, 2001. 180p.

ROLNIK, R. A disputa pela cidade. [Entrevista concedida a] Silvio Caccia Bava. **Le Monde Diplomatique Brasil**, São Paulo, ano 10, n. 110, p. 4-6 set. 2016.

ROMERO, M. A. B. **Princípios bioclimáticos para o desenho urbano**. 1. ed. Brasília: Editora UnB, 2013. 128p.

SAINT-EXUPÉRY, A. **O pequeno príncipe**. 48. ed. Rio de Janeiro: Editora Agir, 2000. 196 p.

SALVIATI, E. J. Tipos vegetais aplicados ao paisagismo. **Revista Paisagem e Ambiente**, São Paulo, v. 5, p. 9-45, 1993.

SANDEVILLE JUNIOR, E. Paisagens e métodos. Algumas contribuições para elaboração de roteiros de estudo da paisagem intra-urbana. **Revista Paisagem e Ambiente**, São Paulo, n. 2, 2004a. [n. p.].

SANDEVILLE JUNIOR, E. Um roteiro para estudo da paisagem intra-urbana. **Revista Paisagem e Ambiente**, São Paulo, n. 2, 2004b. [n. p.].

SANTOS, M. **Metamorfoses do espaço habitado**. 1. ed. São Paulo: Editora Edusp, 2014. 136p.

SANTOS, N. R. Z.; TEIXEIRA, I. F. **Arborização de vias públicas** – Ambiente x vegetação, 1. ed. Porto Alegre: Editora Pallotti, 2001. 136p.

SECRETARIA DO MEIO AMBIENTE DE SÃO PAULO (SMA-SP). **Listagem oficial de espécies nativas produzidas em viveiros florestais, nos diversos biomas do estado de São Paulo**. [Internet]. São Paulo: SMA-SP. Disponível em: http://ambiente.sp.gov. br/. Acesso em: 11 de junho de 2017.

SECRETARIA DO VERDE E DO MEIO AMBIENTE DE SÃO PAULO (SMVMA). **Manual técnico de arborização urbana**. São Paulo, SMVMA, [s.d.], 122p.

SILVA FILHO *et al.* Indicadores de floresta urbana a partir de imagens aéreas multiespectrais de alta resolução. **Revista Scientia Forestalis**, São Paulo, n. 67, p. 88-100, 2005.

SILVA JÚNIOR, M. C. **100 árvores do cerrado, guia de campo**. 1. ed. Brasília: Rede de Sementes do Cerrado, 2005. 278p.

SILVA, A. S. **Arborização urbana de Brasília:** da concepção de Lúcio Costa e da configuração atual. 2003. 51fl. Dissertação (Mestrado em Arquitetura e Urbanismo) – PPG-FAU, UnB - Universidade de Brasília, Brasília, 2003.

SILVA, C. F. **Caminhos bioclimáticos:** desempenho ambiental de vias públicas na cidade de Teresina - PI. 2009. 140fl. Dissertação (Mestrado em Arquitetura e Urbanismo) – PPG-FAU, UnB - Universidade de Brasília, Brasília, 2009.

SILVA, M. M. A. **Verde patológico:** a vegetação nos diversos processos de degradação da cidade. 2014. 187fl. Ensaio teórico (Graduação em Arquitetura e Urbanismo) – FAU, UnB - Universidade de Brasília, Brasília, 2014. Disponível em: http://maramaldoarqpaisagismo.net/. Acesso em: 12 de junho de 2017.

SILVA, M. M. A; COCOZZA, G. P. A hera venenosa e o espaço citadino – Construção de métodos para análise de fitopatologias urbanas. *In:* XIII ENCONTRO NACIONAL DE ENSINO DE PAISAGISMO EM ESCOLAS DE ARQUITETURA E URBANISMO, 2016, Salvador. **Anais** [...]. Salvador: FAUFBA, 2016. p. 131-149.

SILVA, M. M. A; COCOZZA, G. P. O estudo fitopatológico urbano como ferramenta para o planejamento urbano. *In:* XVII ENCONTRO NACIONAL DA ASSOCIAÇÃO NACIONAL DE PÓS-GRADUAÇÃO E PESQUISA EM PLANEJAMENTO URBANO E REGIONAL, 2017, São Paulo. **Anais** [...]. v. 01. São Paulo: Anpur, 2017. p. 1-16.

SISTEMA NACIONAL DE INFORMAÇÕES TÓXICO (FIOCRUZ). [Internet]. Disponível em: http://www.fiocruz.br/sinitox. Acesso em: 05 de junho de 2017.

TEIXEIRA, M. C. A influência dos modelos urbanos portugueses na origem da cidade brasileira. **Revista Seminário da História da Cidade e do Urbanismo**, Rio de Janeiro, v. 4, n. 3, p. 572-583, 1996.

TELES, D. M. **Tratamento paisagístico de espaços livre públicos de superquadras do Sudoeste:** o abandono da concepção modernista. 2005. 84fl. Dissertação (Mestrado em Arquitetura e Urbanismo) – PPG-FAU, Universidade de Brasília, Brasília, 2005.

THE PLANT LIST. [Internet]. Disponível em: www.theplantlist.org. Acesso em: 11 de junho de 2017.

THIBAUD, J. Ambiências de passagem – Figuras, condutas, medidas. *In:* DUARTE, C. R.; VILLANOVA, R. (org.). **Novos olhares sobre o lugar. Ferramentas e metodologias, da arquitetura à antropologia**. Rio de Janeiro: Contracapa; Faperj, 2013. p. 101-127.

THOMAS, K. **O homem e o mundo natural:** mudanças de atitude em relação às plantas e aos animais (1500 - 1800). 1. ed. São Paulo: Companhia de Bolso, 2010. 504p.

TINOCO, J. E. L. **Mapa de danos, recomendações básicas** – Volume 43. Olinda: Ceci, 2009. 22p.

TREES & DESIGN ACTION GROUP (TDAG). **Trees in townscape:** a guide for decision makers. Londres: TDAG, 2012. 84p.

VASCONCELOS, J.; VIEIRA J. G. P.; VIEIRA E. P. P. Plantas tóxicas: conhecer para prevenir. **Revista Científica da UFPA**, Belém, v. 7, n. 1, [n. p.], 2009.

VELOSO *et al.* Caracterização da arborização urbana em três ambientes na cidade de Montes Claros, MG. **REVSBAU**, Piracicaba, v. 9, n. 2, p. 118-133, 2014.

VIDAL, M. R. R.; VIDAL, W. N. **Botânica organografia** – Quadros sinóticos ilustrados de fanerógamas. 4. ed. Viçosa: Editora UFV, 2000. 124p.

VILLAÇA, Flávio. **O espaço intra-urbano no Brasil**. 2. ed. São Paulo: Editora Studio Nobel, 2001. 373p.

WATERMAN, T. **Fundamentos do paisagismo**. 1. ed. Porto Alegre: Editora Bookman, 2009. 200p.

WERF, J.; ZWEERIK, K.; TEEFFELEN, J. A história da cidade, rua e andar térreo, 2015. *In:* KARSSENBERG, H.; LAVEN *et al.* (org.). **A cidade ao nível dos olhos**. Porto Alegre: EDIPUCRS, 2015. p. 36-47.

WRIGHT, F. L. The living city, 1958. *In:* CHOAY, F. **O urbanismo**. 1. ed. São Paulo: Editora Perspectiva, 1965. p. 241-242.

ZOLA, E. **Germinal**. 1. ed. São Paulo: Editora Martin Claret, 2007. 450p.

PLANTAS: CUIDADOS EXTRAS NAS CIDADES

Tudo que está sendo apresentado aqui é sugestivo, tendo graus diferentes de perigo, toxicidades diferentes, em partes diferentes das plantas, raízes mais ou menos expostas e agressivas etc. Cabe ao leitor se aprofundar mais na pesquisa e verificar o que é melhor para seu plantio e os riscos associados a ele.

Abacateiro – *Persea americana* Mill. (Lauraceae).

* Frutos Pesados, Raízes Superficiais.

Abacaxi – *Ananas* spp. (Bromeliaceae).

* Elementos Cortantes.

Abacaxi Roxo – *Tradescantia spathacea* Sw. (Commelinaceae).

* Tóxica.

Abricó-de-macaco – *Couroupita guianensis* Aubl. (Lecythidaceae).

* Frutos Pesados, Raízes Superficiais.

Abundância – *Ageratina adenophora* R. M. King & H. Rob. (Asteraceae).

* Tóxica.

Acácia – *Acacia farnesiana* (L.) Willd. (Fabaceae).

* Elementos Perfurantes.

Açucena – *Hippeastrum* x *hybridum* (Amaryllidaceae).

* Tóxica.

Agapanto – *Agapanthus africanus* (L.) Hoffmanns (Amaryllidaceae).

* Tóxica.

Agaves, Aloes em geral – *Agave, Furcraea, Aloe* spp. (Asparagaceae/Xanthorrhoeaceae).

* Elementos Cortantes.

Aguapé – *Eichhornia* spp. (Pontederiaceae).

* Invasora Agressiva, Tóxica.

Alamanda – *Allamanda* spp. (Apocynaceae).

* Tóxica.

Álamo – *Populus nigra* L. (Salicaceae).

* Raízes Superficiais.

Alecrim-de-campinas – *Holocalyx balansae* Micheli (Fabaceae).

* Tóxica.

Aleluia – *Senna multijuga* (Rich.) H. S. Irwin & Barneby (Fabaceae).

* Raízes Superficiais.

Alface d'água – *Pistia stratiotes* L. (Araceae).

* Invasora Agressiva, Tóxica.

Algodão – *Gossypium barbadense* L. (Malvaceae).

* Tóxica.

Alpínia Vermelha – *Alpinia purpurata* (Vieill.) K. Schu (Zingiberacea).

* Tóxica.

Amendoim Bravo – *Pterogyne nitens* Tul. (Fabaceae).

* Raízes Superficiais.

Amora – *Morus nigra* L. (Moraceae).

* Tóxica.

Anêmona – *Anemone coronaria* L. (Ranunculaceae).

* Tóxica.

Aráceas – *Philodendron, Syngonium., Epipremnum* spp. etc. (Araceae).

* Tóxica.

Arálias, Árvores da Fortuna – *Polyscias* spp. (Araliaceae).

* Tóxica.

Arnica – *Arnica montana* L. (Asteraceae).

* Tóxica.

Aroeira – *Lithraea brasiliensis* March (Anacardiaceae).

*Tóxica.

Aroeira Vermelha – *Schinus terebinthifolia* Raddi (Anacardiaceae).
*Tóxica.

Arruda – *Ruta graveolens* L. (Rutaceae).
* Tóxica.

Artemisia – *Artemisia vulgaris* L. (Asteraceae).
* Tóxica.

Árvore Guarda-chuva – *Schefflera actinophylla* (Endl.) Harms (Araliaceae).
* Tóxica.

Árvore Machineel – *Hippomane mancinella* L. (Euphorbiaceae).
* Tóxica.

Árvore-do-céu – *Ailanthus altissima* (Mill.) Swingle (Simaroubaceae).
* Tóxica.

Aspargo Plumoso – *Asparagus densiflorus* (Kunth) Jessop (Asparagaceae).
* Tóxica.

Assacu – *Hura crepitans* L. (Euphorbiaceae).
* Tóxica.

Áster do México – *Cosmos sulphureus* Cav. (Asteraceae) .
* Tóxica, Invasora Agressiva.

Avelóz – *Euphorbia tirucalli* L. (Euphorbiaceae).
* Tóxica.

Azaleia – *Rhododendron* spp. (Ericaceae).
* Tóxica.

Bambus em geral – Bambusa spp, *Pseudosasa* spp. etc. (Poaceae).
* Altamente inflamáveis, Tóxicas, Invasoras Agressivas.

Banana d'água – *Typhonodorum lindleyanum* Schott (Araceae).
* Tóxica.

Bela Emília – *Plumbago* auriculata Lam. (Plumbaginaceae).

* Tóxica.

Beladona – *Atropa* belladonna L. (Solanaceae).

* Tóxica.

Braquiária – *Brachiaria* spp. (Poaceae).

* Invasora Agressiva.

Bromélias em geral – *Ananas, Neoregelia, Vriesea* spp. etc (Bromeliaceae).

* Elementos Cortantes, Atração de fauna hostil.

Cabeleira de Velho – *Euphorbia leucocephala* Lotsy (Euphorbiaceae).

* Tóxica.

Cacto Peyote – *Lophophora williamsii* J. M. Coult. (Cactaceae).

* Elementos Cortantes, Tóxica.

Cadamba – *Neolamarckia cadamba* (Roxb.) Bosser (Rubiaceae).

* Tóxica.

Cajá-manga – *Spondias dulcis* Parkinson (Anacardiaceae).

* Raízes Superficiais.

Cajueiro – *Anacardium occidentale* L. (Anacardiaceae).

* Tóxica.

Calanchoês – *Kalanchoe* spp., *Bryophyllum* spp. (Crassulaceae).

* Tóxica.

Cambará – *Vochysia divergens* Pohl (Vochysiaceae).

* Fragilidade/Queda.

Cambará – *Lantana montevidensis* (Spreng) Briq. (Verbenaceae).

* Tóxica.

Canafístula – *Peltophorum dubium* (Spreng.) Taub. (Fabaceae).

* Raízes Superficiais, Fragilidade/Queda.

Canafístula-besouro – *Senna spectabilis* H. S. Irwin & Barneby (Fabaceae).

* Raízes Superficiais, Fragilidade/Queda.

Candelabro – *Euphorbia trigona* Mill. (Euphorbiaceae).

* Tóxica.

Capacete-do-diabo – *Aconitum napellus* L. (Ranunculaceae).

* Tóxica.

Capim do Texas – *Pennisetum setaceum* (Forssk.) Chiov. (Poaceae).

* Altamente inflamáveis, Invasora Agressiva.

Capim-colchão – *Digitaria* sp. (Poaceae).

* Altamente inflamáveis, Invasora Agressiva.

Capim-elefante – *Pennisetum purpureum* Schumach. (Poaceae).

* Altamente inflamáveis, Invasora Agressiva.

Capim-estrela – *Rhynchospora nervosa* (Vahl) Boeckeler (Cyperaceae).

* Altamente inflamáveis, Invasora Agressiva.

Capim-gordura – *Melinis minutiflora* P. Beauv. (Poaceae).

* Altamente inflamáveis, Invasora Agressiva.

Capim-massambará – *Sorghum* sp. (Poaceae).

* Altamente inflamáveis, Tóxica, Invasora Agressiva.

Caracasana – *Euphorbia cotinifolia* L. (Euphorbiaceae).

* Tóxica.

Carolina – *Adenanthera pavonina* L. (Fabaceae).

* Raízes Superficiais, Tóxica.

Cássia-rósea – *Cassia grandis* L. F. (Fabaceae).

* Raízes Superficiais.

Castanha-do-Pará – *Bertholletia excelsa* Bonpl (Lecythidaceae).

* Raízes Superficiais, Frutos pesados

Casuarina – *Casuarina equisetifolia* L. (Casuarinaceae).

* Raízes Superficiais, Tóxica.

Cavalinha – *Equisetum* sp (Equisetaceae).

* Tóxica.

Celidônia – *Chelidonium maius* L. (Papaveraceae).

* Tóxica.

Chacrona – *Psychotria viridis* Ruiz & Pav. (Rubiaceae).

* Tóxica.

Chapéu-de-Napoleão – *Cascabela thevetia* (L.) Lippold (Apocynaceae).

* Tóxica.

Chapéu-de-sol – *Terminalia catappa* L. (Combretaceae).

* Raízes Superficiais.

Charuto-do-rei – *Nicotiana glauca* Graham (Solanaceae).

* Tóxica, Invasora Agressiva.

Chorão – *Salix babylonica* L. (Salicaceae).

* Raízes Superficiais.

Cinamomo – *Melia azedarach* L. (Meliaceae).

* Raízes Superficiais, Tóxica.

Cinerária – *Senecio flaccidus* B. L. Turner & T. M. Barkley (Asteraceae).

* Tóxica.

Cipó Chumbo – *Cuscuta racemosa* Mart. (Convolvulaceae).

* Invasora Agressiva.

Cipó Mariri – *Banisteriopsis caapi* Morton (Malpighiaceae).

* Tóxica.

Ciprestes em geral – *Cupressus* spp. (Cupressaceae).

* Altamente inflamável, Tóxica.

Coca – *Erythroxylum coca* Lam. (Erythroxylaceae).

* Tóxica.

Cóleus – *Plectranthus scutellarioides* (L.) R. Br. (Lamiaceae).

* Tóxica.

Comigo-Ninguém-Pode – *Dieffenbachia amoena* Bull. (Araceae).

* Tóxica.

Confrei – *Symphytum officinale* L. (Boraginaceae).

* Tóxica.

Copo-de-leite – *Zantedeschia aethiopica* (L.) Spreng. (Araceae).

* Tóxica.

Coroa imperial – *Scadoxus multiflorus* Friis & Nordal (Amaryllidaceae).

* Tóxica.

Coroa-de-Cristo – *Euphorbia milii* Des Moul. (Euphorbiaceae).

* Elementos Cortantes, Tóxica.

Cravo – *Dianthus caryophyllus* L. (Caryophyllaceae).

* Tóxica.

Crino – *Crinum* spp. (Amaryllidaceae).

* Tóxica.

Cróton – *Codiaeum variegatum* (L.) Rumph. ex A. Juss. (Euphorbiaceae).

* Tóxica.

Dama da noite – *Cestrum nocturnum* L. (Solanaceae).

* Tóxica.

Damiana – *Turnera* sp. (Passifloraceae).

* Invasora Agressiva.

Dedaleira – *Digitalis purpurea* L. (Plantaginaceae)

* Tóxica.

Dentes de Leão em geral – *Taraxacum, Tridax, Emília* spp. (Asteraceae).

* Invasora Agressiva.

Dracenas – *Dracena* spp. (Asparagaceae).

* Tóxica.

Embaúbas – *Cecropia* spp. (Urticaceae).

* Fragilidade/Queda.

Érica – *Cuphea hyssopifolia* Kunth (Lythraceae).

* Tóxica.

Erva Andorinha – *Chelidonium majus* L. (Papaveraceae).

* Tóxica.

Erva de Passarinho – *Struthanthus flexicaulis* Mart. (Loranthaceae).

* Invasora Agressiva.

Erva-capitão – *Hydrocotyle bonariensis* Comm. ex Lam. (Araliaceae).

* Invasora Agressiva.

Ervilha-do-rosário – *Abrus precatorius* L. (Fabaceae).

* Tóxica.

Espatódea – *Spathodea campanulata* P. Beauv. (Bignoniaceae).

*Raízes Superficiais, Tóxica.

Espinho-de-fogo – *Pyracantha coccínea* M. Roem (Rosaceae).

* Elementos Cortantes.

Esporinha – *Delphinium* sp. (Ranunculaceae).

* Tóxica.

Estrelízia – *Strelitzia reginae* Banks (Strelitziaceae).

* Tóxica.

Eucaliptos – *Eucalyptus* spp. (Myrtaceae).

* Invasora Agressiva

Ficus, Figueiras, Seringueiras – *Ficus* spp. (Moraceae).

* Raízes Superficiais, Tóxica.

Figueira do inferno – *Datura stramonium* L. (Solanaceae).

* Tóxica.

Flamboyant – *Delonix regia* (Hook.) Raf. (Fabaceae).

* Raízes Superficiais.

Flamboyanzinho – *Caesalpinia pulcherrima* (L.) Sw. (Fabaceae).

* Tóxica.

Flor-coral – *Jatropha multifida* L. (Euphorbiaceae).

* Tóxica.

Flor-de-Abril – *Dillenia indica* L. (Dilleniaceae).

* Frutos Pesados

Fórmio – *Phormium tenax* J. R. Forst. & G. Forst. (Xanthorrhoeaceae).

* Elementos Cortantes, Tóxica.

Gamelina – *Gmelina arborea* Roxb. (Lamiaceae).

* Raízes Superficiais.

Gerânio – *Pelargonium* spp. (Geraniaceae).

* Tóxica.

Giesta – *Cytisus scoparius* (L.) Link (Fabaceae).

* Tóxica.

Grama-azul – *Poa pratensis* L. (Poaceae).

*Altamente inflamável, Invasora Agressiva.

Graviola – *Annona muricata* L. (Annonaceae).

* Raízes Superficiais, Frutos Pesados.

Grevílea – *Grevillea robusta* A. Cunn. ex R. Br. (Proteaceae).

* Raízes Superficiais.

Guapuruvu – *Schizolobium parahyba* (Vell.) S. F. Blake (Fabaceae).

* Raízes Superficiais, Fragilidade/Queda.

Hera – *Hedera* spp. (Araliaceae).

* Tóxica.

Hortência – *Hydrangea macrophylla* (Thunb.) Ser. (Hydrangeaceae).

* Tóxica.

Ipê-de-jardim – *Tecoma stans* (L.) Juss. ex Kunth (Bignoniaceae).

* Invasora Agressiva.

Iucas em geral – *Yucca* spp. (Asparagaceae).

* Elementos Cortantes.

Jacinto – *Hyacinthus orientalis* L. (Asparagaceae).

* Tóxica.

Jambo Branco – *Syzygium jambos* (L.) Alston (Myrtaceae).

* Raízes Superficiais.

Jambo-do-Pará – *Syzygium malaccense* Merr. & L. M. Perry (Myrtaceae).

* Raízes Superficiais, Fragilidade/Queda.

Jameloeiro – *Syzygium cumini* (L.) Skeels (Myrtaceae).

* Raízes Superficiais.

Jaqueira – *Artocarpus heterophyllus* Lam. (Moraceae).

* Raízes Superficiais, Frutos Pesados.

Jartropa – *Jatropha podagrica* Hook. (Euphorbiaceae).

* Tóxica.

Jasmim-Manga – *Plumeria rubra* L. (Apocynaceae).

* Tóxica.

Jatobá – *Hymenaea courbaril* L. (Fabaceae).

* Raízes Superficiais.

Jatobá-do-Cerrado – *Hymenaea stigonocarpa* Hayne (Fabaceae).

* Raízes Superficiais.

Jenipapo – *Genipa americana* L. (Rubiaceae).

* Frutos Pesados, Fragilidade/Queda.

Jequitibá – *Cariniana estrellensis* (Raddi) Kuntze (Lecythidaceae).

* Raízes Superficiais.

Joá-de-capote – *Nicandra physalodes* (L.) Gaertn. (Solanaceae).

* Tóxica.

Juazeiro – *Ziziphus joazeiro* Mart. (Rhamnaceae).

* Elementos cortantes.

Juníperos em geral – *Juniperus* spp. (Cupressaceae).

* Altamente inflamáveis, Tóxica.

Lantana – *Lantana camara* L. (Verbenaceae).

* Tóxica.

Laranjeira, Limoeiros, Tangerinas – *Citrus* spp. (Rutaceae).

* Elementos Cortantes.

Leias – *Leea* spp. (Vitaceae).

* Tóxica.

Ligustro – *Ligustrum* spp. (Oleaceae).

* Tóxica.

Lírio-do-Amazonas – *Eucharis* sp. (Amaryllidaceae).

* Tóxica.

Lótus Azul – *Nymphaea nouchali* (Savigny) Verdc. (Nymphaeaceae).

* Tóxica.

Louro-cereja – *Prunus laurocerasus* L. (Rosaceae).

* Tóxica.

Maconha – *Cannabis* sp. (Cannabaceae).

* Tóxica.

Madressilva – *Lonicera periclymenum* L. (Caprifoliaceae).

* Tóxica.

Mamica-de-Porca – *Zanthoxylum rhoifolium* Lam. (Rutaceae).

* Elementos Cortantes.

Mamoeiro – *Carica papaya* L. (Caricaceae).

* Frutos Pesados, Fragilidade/Queda.

Mamona – *Ricinus communis* L. (Euphorbiaceae).

* Tóxica.

Manacá-de-cheiro – *Brunfelsia uniflora* (Pohl) D. Don (Solanaceae).

* Tóxica.

Mandioca – *Manihot* sp. (Euphorbiaceae).

* Tóxica.

Mangueira – *Mangifera indica* L. (Anacardiaceae).

* Raízes Superficiais, Frutos Pesados.

Maniçoba – *Manihot glaziovii* Muell. (Euphorbiaceae).

* Tóxica.

Margaridão – *Tithonia diversifolia* (Hemsl.) A.Gray (Asteraceae).

* Invasora Agressiva.

Marmelo-japonês – *Chaenomeles speciosa* (Sweet) Nakai (Rosaceae).

* Elementos Cortantes, Tóxica.

Minirosa – *Rosa x chinensis* Jacq. (Rosaceae).

* Elementos Cortantes.

Mogno Brasileiro – *Swietenia macrophylla* King (Meliaceae).

* Raízes Superficiais.

Moreias – *Dietes* spp. (Iridaceae).

* Tóxica.

Mulungus, Eritrinas – *Erythrina* spp. (Fabaceae).

* Raízes Superficiais, Elementos Cortantes.

Munguba – *Pachira aquatica* Aubl. (Malvaceae).

* Raízes Superficiais, Frutos pesados.

Muxiba comprida – *Erythroxylum tortuosum* Mart. (Erythroxylaceae).

* Tóxica.

Narciso – *Narcissus* sp. (Amaryllidaceae).

* Tóxica.

Ninféias – *Nymphaea* spp. (Nymphaeaceae).

* Tóxica.

Nogueira-de-iguapé – *Aleurites moluccanus* Willd. (Euphorbiaceae).

* Tóxica.

Nux-vômica – *Strychnos nux-vomica* L. (Loganiaceae).

* Tóxica.

Oficial-de-sala – *Asclepias curassavica* L. (Apocynaceae).

* Tóxica.

Oleandro – *Nerium oleander* L. (Apocynaceae).

* Tóxica.

Olho-de-boneca – *Actaea pachypoda* Elliott (Ranunculaceae).

* Tóxica.

Ora-pro-nobis – *Pereskia* spp. (Cactaceae).

* Elementos Cortantes.

Orelha-de-Macaco – *Enterolobium contortisiliquum* Morong (Fabaceae).

* Raízes Superficiais.

Paineiras, Barrigudas, Samaúmas – *Ceiba* spp. (Malvaceae).

* Raízes Superficiais, Elementos Cortantes.

Pajeú – *Triplaris gardneriana* Wedd (Polygonaceae).

* Raízes Superficiais

Palmeira Areca – *Dypsis lutescens* Beentje & J. Dransf. (Arecaceae).

* Tóxica.

Palmeira Areca Dourada – *Areca vestiaria* Giseke (Arecaceae).

* Tóxica.

Palmeira Coco-do-Vaqueiro – *Syagrus flexuosa* (Mart.) Becc. (Arecaceae).

* Elementos Cortantes, Tóxica.

Palmeira Corifa – *Corypha umbraculifera* L. (Arecaceae).

* Tóxica.

Palmeira Locuba – *Dypsis madagascariensis* Beentje & J. Dransf. (Arecaceae).

* Tóxica.

Palmeira Dendê – *Elaeis guineensis* Jacq. (Arecaceae).

* Tóxica.

Palmeira Fênix – *Phoenix roebelenii* O'Brien (Arecaceae).

* Elementos Cortantes.

Palmeira Macaúba – *Acrocomia aculeata* (Jacq.) Lodd. ex Mart (Arecaceae).

* Elementos Cortantes.

Palmeira Pupunha – *Bactris gasipaes* Kunth (Arecaceae).

* Elementos Cortantes.

Palmeira Rabo-de-Peixe – *Caryota urens* L. (Arecaceae).

* Fragilidade/Queda, Tóxica.

Palmeira Rabo-de-Peixe-Entouceirada – *Caryota mitis* Lour (Arecaceae).

* Fragilidade/Queda, Tóxica.

Palmeira Rabo-de-Raposa – *Wodyetia bifurcata* A. K. Irvine (Arecaceae).

* Tóxica.

Palmeira Ráfia – *Raphia farinifera* (Gaertn.) Hyl. (Arecaceae).

* Elementos Cortantes.

P. Tamareira-das-Canárias – *Phoenix canariensis* Chabaud (Arecaceae).

* Elementos Cortantes.

Palmeira Triangular – *Dypsis decaryi* Beentje & J. Dransf. (Arecaceae).

* Tóxica.

Palmeira Tucumã – *Astrocaryum vulgare* Mart. (Arecaceae).

* Elementos Cortantes.

Palmeira Washingtônia – *Washingtonia robusta* H. Wendl. (Arecaceae).

* Elementos Cortantes, Altamente inflamável, Atração de fauna hostil.

Palmeira Washingtônia-de-saia – *Washingtonia filifera* H. Wendl (Arecaceae).

* Elementos Cortantes, Altamente inflamável, Atração de fauna hostil.

Palmeira Pescoço-Marrom – *Dypsis lastelliana* Beentje & J. Dransf. (Arecaceae).

* Tóxica.

Palo-verde – *Parkinsonia aculeata* L. (Fabaceae).

* Invasora Agressiva.

Papiros e Tiriricas em geral – *Cyperus* spp. (Cyperaceae).

* Invasora Agressiva.

Pau-Brasil – *Caesalpinia echinata* Lam. (Fabaceae).

* Elementos Cortantes.

Pau-de-balsa – *Ochroma pyramidale* (Cav. ex Lam.) Urb. (Malvaceae).

* Raízes Superficiais, Fragilidade/Queda.

Pau-formiga – *Triplaris americana* L. (Polygonaceae).

* Fragilidade/Queda, Atração de fauna hostil.

Pau-mulato – *Calycophyllum spruceanum* Hook.f. (Rubiaceae).

* Raízes Superficiais.

Pau-santo – *Kielmeyera coriacea* Mart. (Calophyllaceae).

* Tóxica.

Pau-terra – *Qualea* sp. (Vochysiaceae).

* Raízes Superficiais.

Pessegueiro-bravo – *Prunus sphaerocarpa* SW. (Rosaceae).

* Tóxica.

Pingo de ouro, Violeteiras – *Duranta* sp. (Verbenaceae).

* Tóxica.

Pinhão roxo – *Jatropha gossypiifolia* L. (Euphorbiaceae).

* Tóxica.

Pinheiros – *Pinus*., *Cedrus*., *Araucaria* spp. (Pinaceae/Araucariaceae).

* Altamente inflamável, Tóxica.

Plátano – *Platanus* sp. (Platanaceae).

* Raízes Superficiais, Tóxica.

Podocarpos – *Podocarpus* spp. (Podocarpaceae).

* Altamente inflamável, Tóxica.

Poinsétia – *Euphorbia pulcherrima* Willd. ex Klotzsch (Euphorbiaceae).

* Tóxica.

Primavera – *Bougainvillea* sp. (Nyctaginaceae).

* Elementos Cortantes.

Prímula – *Primula obconica* Hance (Primulaceae).

* Tóxica.

Raíz-de-cobra – *Ageratina altíssima* (L.) R. M. King & H. Rob. (Asteraceae).

* Tóxica.

Rosa – *Rosa x grandiflora* Hort. (Rosaceae).

* Elementos Cortantes.

Sagu de Espinho – *Encephalartos ferox* G. Bertol. (Zamiaceae).

* Elementos Cortantes.

Sanseverias – *Sansevieria* spp. (Asparagaceae).

* Tóxica.

Sapucaia – *Lecythis pisonis* Cambess (Lecythidaceae).

* Raízes Superficiais, Frutos Pesados.

Sibipiruna – *Caesalpinia pluviosa* DC. (Fabaceae).

* Raízes Superficiais, Fragilidade/Queda.

Singônios e Filodendros – *Syngonium, Philodendron* spp. (Araceae).

* Tóxica.

Sombreiro – *Clitoria fairchildiana* R. A. Howard (Fabaceae).

* Raízes Superficiais.

Tabaco – *Nicotiana tabacum* L. (Solanaceae).

* Tóxica.

Tabôa – *Typha domingensis* Pers. (Typhaceae).

* Tóxica.

Teixo – *Taxus baccata* L (Taxaceae).

* Tóxica.

Tinhorão e Jiboias – *Epipremnum, Caladium* spp. (Araceae).

* Tóxica.

Tipuana – *Tipuana tipu* (Benth.) Kuntze (Fabaceae).

* Raízes Superficiais, Fragilidade/Queda.

Trapoeraba roxa – *Tradescantia pallida* (Rose) D. R. Hunt (Commelinaceae).

* Tóxica.

Trapoeraba zebra – *Tradescantia zebrina* Bosse (Commelinaceae).

* Tóxica.

Trevos – *Oxalis* spp. (Oxalidaceae).

* Tóxica.

Trombeteira – *Brugmansia suaveolens* Bercht. & J. Presl (Solanaceae).

* Tóxica.

Tuias – *Thuja* spp. (Cupressaceae).

* Altamente inflamáveis, Tóxica.

Tungue – *Aleurites fordii* Hemsley (Euphorbiaceae).

* Tóxica.

Unha de Gato – *Ficus pumila* L. (Moraceae).

* Tóxica, Atração de fauna hostil, Invasora Agressiva, Raízes Superficiais.

Urtigas – *Laportea, Parietaria Toxicodendron* spp. (Urticaceae/Anacardiaceae).

* Tóxica.

Vinca – *Vinca major* L. (Apocynaceae).

* Tóxica.

GLOSSÁRIO

Acúleo – Similar aos espinhos, mas se tratando de uma estrutura exógena perfurante não ligada ao sistema vascular da planta. Ou seja, quando se rompe não deteriora a planta.

Adubação, recomposição física e química – Parte da manutenção das plantas, a qual dá nutrientes as plantas, em uma recomposição orgânica (material rico em carbono) e física (Nitrogênio, Fósforo, Potássio).

Aeração do solo – Parte da manutenção das plantas, arando ou inflando o solo para aumentar sua porosidade (as minhocas e outros seres subterrâneos também cumprem esse papel).

Agressão direta – Deterioração física dos elementos construídos e de outras plantas ocasionada diretamente pelo crescimento da vegetação (raízes, troncos, galhos etc.).

Agressão indireta – Elevação dos riscos de incidentes ocasionada pelos frutos, baixa resistência, pioneirismo e pragas/fortes ações naturais sobre as plantas, como as potenciais agressões aos transeuntes (espinheiros) e as barreiras visuais e concretas erguidas pela vegetação (ações físicas).

Agressão de movimento – Trata de todas as ações nocivas de origem física ocasionadas pela vegetação em deslocamento ágil (o que exclui o próprio crescimento) devido aos seus próprios elementos constituintes ou sua própria natureza (o que exclui pragas, vento e cortes).

Agressão horizontal – Trata de todas as ações nocivas de origem física ocasionadas pela vegetação no plano do piso, subterrâneas ou com pouca altura (até 1 metro), estando, principalmente, relacionadas às raízes e às bases dos caules.

Agressão vertical – Trata de todas as ações nocivas de origem física ocasionadas pela vegetação em alturas superiores a 1 metro, estando, principalmente, relacionadas tanto aos galhos e folhas como ao crescimento em planos verticais (paredes, muros, pilares).

Algas – Seres vivos quase sempre aquáticos, semelhantes a gramas ou podendo se assemelhar a bactérias. Caso tenham as características imprescindíveis do Reino Plantae são consideradas plantas.

Amensalismo – Relação trófica que promove a inibição por parte de uma planta, por meio de substâncias liberadas por ela, do crescimento e surgimento de outras plantas (no caso da vegetação).

Angiospermas – Todas as plantas que estão dentro da Divisão Angiospermae. São as plantas que produzem flores (Ipês, Roseiras, Hortênsias etc.).

Antrosociológico – Aspectos relacionados às interações entre os seres vivos e padrões também humanos, como fluxos, permanências, gostos, etnias etc.

Aquáticas – Plantas adaptadas a superfícies alagadas e a leitos aquáticos (Vitória-régia, Aguapés etc.).

Arbustos – Plantas de caule sublenhoso a lenhoso, com muitas ramificações na base. Normalmente, não superam 5 metros de altura (Mussaenda, Hibisco, Buxinho etc.).

Áreas arborizadas – Áreas dotadas de árvores.

Áreas arborizadas informais – Locais públicos não projetados, que não são propriamente parques, terrenos baldios ou vagos, e nos quais se podem encontrar árvores, arbustos e forrações (podem ser considerados bosques).

Áreas Verdes – Podendo ter várias definições, umas mais abrangentes e outras mais fechadas. A mais comum é a de espaços livres dotados de vegetação.

Áreas com verdes de domínio público – Áreas dotadas de vegetação qualificadas como espaços livres públicos – não são contabilizadas nas contagens de área verde, são passeios e canteiros, por exemplo, arborizados ou vegetados.

Áreas verdes de domínio público – Áreas dotadas de vegetação em que a mesma tem uma função social (o que excluí canteiros de avenidas e árvores de calçadas) qualificadas como espaços livres públicos.

Árvores – Plantas de caule lenhoso, pouco ou não ramificadas na base. Usualmente, superam cinco metros de altura (mangueira, abacateiro, pinheiro etc.).

Aspectos fitopatológicos ambiental sanitários – Aspectos que envolvem a perturbação do cotidiano urbano, tendo como agente a vegetação, no âmbito ambiental e/ou sanitário.

Aspectos fitopatológicos físicos – Aspectos que envolvem a perturbação do cotidiano urbano, tendo como agente a vegetação, no âmbito físico.

Aspectos fitopatológicos psicossociológicos – Aspectos que envolvem a perturbação do cotidiano urbano, tendo como agente a vegetação, nos âmbitos psicológico e/ou sociológico.

Autótrofas – Seres vivos que produzem seu próprio alimento.

Barreira – Todo aquele elemento que obstrui ou impede uma ação. Ver **Barreira física ou barreira visual**.

Barreira física – Todo aquele elemento concreto que obstrui ou impede o livre movimento.

Barreira visual – Todo aquele elemento que obstrui ou impede uma ação visual.

Bioclimatismo – Estudos relacionados a aspectos ambientais, como confortos térmico, sonoro e luminoso.

Bioma – Conjunto complexo de flora, fauna e minerais que compartilham muitas semelhanças e regras de sobrevivência entre si, com um regime climático próprio.

Bulevar – Rua caracterizada a partir dos séculos XVIII e XIX, na França, trata-se de um tipo de alameda.

Brejeiras – Planta adaptada a superfícies alagadas, como pântanos e mangues (Cavalinhas, Beri, Papiros etc.).

Briófitas – Todas as plantas que estão dentro das Divisões Bryophyta, Marchantiophyta e Anthocerotophyta. Geralmente, resumidas a musgos, porém com variadas espécies que nem se assemelham visualmente a eles.

Caduca ou caducifólia – Planta que deixa, em algum momento do ano, todas as folhas caírem.

Calagem – Parte da manutenção das plantas, a qual melhora a acidez do solo com uso de cal.

Calçadas – Passeios para pedestres feitos de materiais resistentes ao trânsito. Estão inseridos em uma parcela das vias ou são a própria via.

Calha viária – O espaço da via. Pode ser confundida com valas ou dutos dentro das vias que conduzem águas.

Camuflamento, camuflagem ou **camuflar** – Característica de se disfarçar bem ou esconder algo.

Canteiros – Espaços, vegetados ou não, centrais ou que margeiam vias, dividindo-as, embelezando-as ou protegendo outras escalas de trânsito.

Caule – Estrutura de suporte no qual estão as principais redes vasculares (floema e xilema). Estendem-se até as folhas, podem fazer fotossíntese, ser de vários formatos e estar aéreos (haste, tronco, estipe, prostrados, lianas etc.) ou subterrâneos (tubérculo, bulbo, xilopódio).

Cerca viva – Muramento de qualquer tamanho erguido com plantas. Ver **barreira, barreira física ou barreira visual**.

Cerrado – Bioma do Centro brasileiro similar às savanas africanas. É composto por variedades campais e florestais, possuindo pouca vegetação de porte muito alto.

Ciclovias – Vias de trânsito exclusivo de ciclistas.

Cidades-jardim – Termo consagrado por Howard, na Inglaterra (final do século XIX e início do XX), refere-se a cidades bastante vegetadas com separação clara das construções das vias e planificações bem menos densas.

Clímax – Plantas de crescimento tardio na sucessão ecológica. Crescem mais lentamente e são protegidas por plantas pioneiras e secundárias, que perecem primeiro, e, via de regra, possuem grande ciclo de vida e porte.

Competição – Relação trófica em que as plantas brigam entre si por espaço, nutriente e luz (no caso da vegetação).

Coníferas – Englobam a Divisão Gminospermae, mas em geral se restringem, no discurso, aos pinheiros, ciprestes, cedros e tuias.

Conservação – Preservação e cuidados com a vegetação.

Copa – Parte mais alta das plantas arbóreas e arbustivas, onde estão a galharia e as folhas, geralmente.

Corrosão – Destruição de tecidos e materiais por conta de ácidos e álcalis presentes em secreções das plantas.

Cours – Rua caracterizada a partir dos séculos XVIII e XIX, na França, trata-se de um tipo de alameda.

Decídua – Planta que deixa, em algum momento do ano, todas as folhas caírem. Ver **Caduca ou Caducifólia.**

Divisão – Segunda categoria na classificação botânica (caso se esteja começando pelo Reino). Representada por Angiospermae e Gminospermae, por exemplo.

Dossel – Copas se entrelaçando, formando um teto vegetal. Em geral, acontece em florestas densas e alamedas.

Ecossistema – Sistema ecológico que pode ser macro – bioma – ou menor – fitofisionomia, comunidade etc.

Entorpecente – Tóxico alucinógeno, de ação direta no sistema nervoso.

Epífitas – Plantas adaptadas a ficarem em suportes acima da terra, como em cima de árvores e palmeiras (certas orquídeas e bromélias, por exemplo).

Ervas daninhas – Plantas geralmente rústicas, altamente propagativas, invasoras, que podem liberar substâncias nocivas às plantas próximas ou serem muito agressivas na absorção dos nutrientes e disputa por espaço.

Espaços livres urbanos – Espaços não edificados urbanos. Ver **espaços livres privados urbanos, espaços livres semiprivados urbanos ou espaços livres públicos urbanos**.

Espaços livres privados urbanos – Espaços não edificados urbanos de uso exclusivo.

Espaços livres semiprivados urbanos – Espaços não edificados urbanos de uso aparentemente público ou que aceitam muitos usuários. Igual a **espaços livres semipúblicos**.

Espaços livres semipúblicos urbanos – Espaços não edificados urbanos de uso aparentemente público ou que aceitam muitos usuários. Igual a **espaços livres semiprivados**.

Espaços livres públicos urbanos – Espaços não edificados urbanos de uso total, por parte de qualquer usuário sem restrição.

Espaços verdes – Podendo ter várias definições, umas mais abrangentes e outras mais fechadas. A mais comum é a de espaços livres dotados de vegetação em que a mesma tem uma função social (o que excluí canteiros de avenidas e árvores de calçadas).

Espécie – Última categoria na classificação botânica (caso se esteja começando pelo Reino). Representada por *Ficus* sp. e *Aloe* sp., por exemplo.

Espinho – Tratando-se de uma estrutura endógena perfurante ligada ao sistema vascular da planta. Quando se rompe, deteriora a planta.

Espontaneidade – Neste texto, trata-se do surgimento natural das plantas no espaço, sem intervenção antrópica.

Estacionamentos – Espaços onde se param por períodos longos automóveis.

Estipe – Tipo de caule aéreo. É o caule das palmeiras. Ver **Caule**.

Estrato – Porte e tipo de vegetação (arbóreas, arbustivas, herbácea etc.).

Exóticas – Plantas que não são daquele bioma ou daquele país.

Família – Quinta categoria na classificação botânica (caso se esteja começando pelo Reino). Representada por Asparagaceae e Cycadaceae, por exemplo.

Físico-ambiental – Aspectos biodinâmicos, climatológicos e materiais de dado espaço, como temperatura, bioma, relevo, solo, vegetação etc.

Fitofisionomia – Conjunto de plantas características de um dado lugar. Este conceito pode ser estendido, abrigando até mesmo o termo bioma, mas normalmente é uma parcela deste – Cerradão é uma fitofisionomia do bioma Cerrado, por exemplo.

Fitopatologia – O termo botânico se refere a doenças, deformações e outros problemas que ocorrem nas plantas. Neste texto, foi invertido seu sentido e é empregado como: plantas causando malefícios à cidade.

Flor – Estrutura de reprodução das angiospermas. Pode ser simples ou composta (inflorescências), de diversas cores e tamanhos, ter brácteas, sépalas, pétalas, anteras, estigmas, ovários, estames e filetes, dentre outras estruturas secundárias.

Floração – Um dos parâmetros fenológicos vegetais é a época em que as plantas têm flores.

Folha – Estrutura que, comumente, é a responsável direta pela fotossíntese das plantas. Tem diversos formatos e também pode ter diversas cores. Dotada ou não de nervuras, bainha e estípula.

Forrações – Plantas de caule herbáceo e pouco visível, bastante ramificadas na base. Usualmente, não superam 50 centímetros de altura.

Frutificação – Um dos parâmetros fenológicos vegetais é a época em que as plantas produzem frutos.

Fruto – Estrutura que protege as sementes das angiospermas. É o resultado final da reprodução e possui endocarpo, mesocarpo e exocarpo. Podem ser comestíveis.

Galho – Parte de caules lenhosos ou sublenhosos que se ligam às folhas.

Gênero – Penúltima categoria na classificação botânica (caso se esteja começando pelo Reino). Representada por *Agave* e *Hibiscus*, por exemplo.

Gimnospermas – Todas as plantas que estão dentro da Divisão Gminospermae. São as plantas que já produzem sementes, mas ainda não tem flores. Ver **coníferas**.

Gola – Elemento preso às calçadas que protege a vegetação e o pavimento, e cria um respiro para receber nutrientes; onde está a cova/berço.

Gramados públicos – São áreas públicas projetadas compostas somente por gramíneas pisoteáveis e ervas daninhas – raras árvores ou arbustos.

Gramas – Plantas de caule herbáceo e pouco visível, bastante ramificadas na base. Pertencem, necessariamente, à Família Poaceae e tem resistência ao pisoteio. Via de regra, não superam 50 centímetros de altura. Com menos restrição, englobam também capins de outras famílias e alturas não pisoteáveis.

Habitat – Espaço onde acontece a vivência – de animais, plantas ou outros organismos, como todos juntos também.

Heliófilas – Plantas adaptadas ao regime de sol mais contínuo.

Hemiparasitas – Plantas parasitárias que sugam uma parcela dos nutrientes que necessitam da planta parasitada, mas fazem fotossíntese.

Herbáceas – Plantas de caule herbáceo e, via de regra, mais visíveis, não necessariamente ramificadas na base. Quase sempre não superam 1,5 metros de altura.

Herbáceo – Tipo de caule com pouca lignina e bem moldável. Ver **caule**.

Impedimento – Quando não é possível o movimento de um local para o outro.

Invasoras – Plantas geralmente rústicas, que se estabelecem facilmente em locais onde não foram destinadas a estar. Ver **ervas daninhas**.

Jardim árido – Tipo de jardim elaborado a partir de plantas adaptadas a estiagens ou sem planta alguma.

Jardins coletivos – Áreas ajardinadas públicas ou privadas com pouco índice de impermeabilização não associadas a vias.

Látex – Secreção de algumas plantas semelhante ao leite, um tipo de látex, base da borracha, e a maioria é fortemente venenoso e corrosivo.

Leitos aquáticos – Rios, córregos, açudes, lagos, lagoas e riachos.

Lenhoso – Tipo de caule com muita lignina e bem rígido. Ver **caule**.

Lianas – Plantas que avançam sobre seu suporte em busca de nutrientes e luminosidade. Podem somente se apoiar, como podem estrangular e sugar o suporte, caso vivo. Ver **trepadeiras**.

Manutenção – Cuidados com a vegetação, como podas e regas. Ver **conservação**.

Mapa de dano – Em geral, associados ao patrimônio ou a investidas de reforma. É uma graficação que expõe a localização de pontos danificados de alguma obra.

Meia-sombra – Qualidade lumínica para as plantas que preferem no máximo quatro horas de sol direto por dia, ou preferem boa luminosidade, mas somente indireta.

Morfourbanístico – Aspectos relacionados à forma e a padrões urbanos, como desenhos de vias, gabaritos, usos etc.

Nativas – Plantas inseridas no mesmo país ou bioma que são originárias. Há classificações mais abrangentes e outras mais restritas. Por exemplo, a araucária é nativa do Brasil, mas não é nativa do cerrado – o termo dependerá da ótica utilizada.

Nome científico – Termo de identificação dos seres vivos na literatura científica. É preciso. Na Botânica, possui gênero com primeira letra maiúscula e epíteto específico todo em letras minúsculas, podendo (melhor, devendo) apresentar o autor. Está em destaque em qualquer frase. Ex.: *Ficus benjamina* L.

Obstrução – Quando é possível o movimento de um local para o outro, mas com algum tipo de dificuldade. Ver **impedimentos**.

Ócrea – Estruturas de algumas plantas que são pequenos buracos, os quais alguns animais, como formigas, podem se abrigar.

Ombrófilas – Plantas adaptadas ao regime de chuvas mais contínuo.

Orlas – Mais do que uma margem ou transição entre oceanos, rios, lagos, lagoas e o continente, são áreas nas quais há intervenção antrópica e que possuem as funções de lazer, esportes, descanso, contemplação e ecológica.

Paisagem – A apreensão humana dos lugares e não lugares, sendo uma prática de percepção, de sensibilidade frente ao espaço. Supera a visualidade e está carregada pela cultura.

Paisagismo – Estudo dentro da Arquitetura e Geografia que lê, analisa e/ou projeta a paisagem.

Paisagista – Aquele que trabalha com o paisagismo, estudando ou projetando.

Palmeiras – Plantas de estipe simples ou múltipla coroadas por folhas em seu ápice. Normalmente, produzem inflorescências em formato de cacho e têm folhas pinadas ou costapalmadas.

Parasitas – Entes que promovem o parasitismo. Podem ser fungos, insetos e outras plantas, por exemplo.

Parasitismo – Relação trófica em que uma planta ou outro tipo de praga suga nutrientes e água da planta parasitada. Não fazem fotossíntese (no caso da vegetação).

Parklets – Pequenos parques introduzidos geralmente em áreas de estacionamento, praças ou em espaços mortos na cidade com o intuito de alterar a relação dos usuários com aquele espaço, trazendo-os para usufruir de uma sombra, um banco ou uma obra de arte, por exemplo.

Parkways – Vias quase sempre bastante arborizadas que ligam subúrbios ao centro da cidade. Preferencialmente, vias que separam contextos (por exemplo, residências de comércios ou espaços construídos de não construídos) com bastante vegetação.

Parques – É um espaço livre, geralmente dotado de vegetação, com funções amplas, desde a ecológica até a de lazer e estética. São grandes (mais de dois quarteirões) em sua maioria.

Passeios – Onde o pedestre circula. Pode ser uma calçada ou parte de um parque ou uma praça.

Patologia – Estudo de sintomas de doenças ou o próprio caso danoso.

Pioneira – Plantas que estão no início da sucessão ecológica. Usualmente, são frágeis e esguias.

Pisos vegetais – Em geral compostos por gramas, são plantas mais resistentes ao pisoteio e de pouca altura, menor que 50 centímetros.

Planejamento vegetal – Estudos e planos da implantação da vegetação nas cidades.

Plano de arborização urbana – Projeto e metas de implantação de árvores em cidades.

Plano diretor – Instrumento de planejamento urbano. É comum delimitar áreas, impor regras e trazer princípios e recomendações para a evolução da cidade.

Plantas (desambiguação: planta de forma, planta topográfica, planta arquitetônica, etc., são desenhos em vista aérea) – As plantas são todos os seres vivos que reúnem todas estas características: fazem fotossíntese, contém clorofila a e b, armazenam amido e possuem parede celular de celulose.

Plantas atípicas – Plantas que não se encaixam exatamente em outras categorias por características ambíguas (folhas inexistentes, caules amorfos etc.). São, por exemplo, cactos, agaves, samambaias, cicas etc.

Pleno sol – Qualidade lumínica para as plantas que preferem mais de seis horas de sol direto por dia.

Poda – Parte da manutenção das plantas, feita mediante cortes na planta.

Pólen – Estrutura diminuta que está relacionada à reprodução vegetal. Ao encontrar o ovário, poliniza-o, e daí começa o surgimento das sementes e frutos.

Praças – São espaços públicos nos quais são desempenhados diversos usos, desde lazer a contemplação. Essas áreas são facilmente mutáveis e possuem representatividade alterada tanto pelas edificações próximas quanto pelo simbolismo próprio.

Praga – Ser vivo que parasita, inibe ou preda (em um processo diferente da caça) outro ser vivo. Ver **parasitas**.

Pteridófitas – Todas as plantas que estão dentro das divisões Lycophyta e Monilophyta. Majoritariamente compostas por samambaias.

Queimadura – Efeito ocasionado pela corrosão ou irritação do tecido. Pode ser de leve a mais grave.

Raiz – Estrutura de suporte usualmente subterrâneo, em que são obtidos água e nutrientes do solo. Podem ser de vários formatos e estarem aéreas (tabulares, fulcreias, pneumatóforos etc.) ou subterrâneas (tuberosas, comuns etc.), fasciculadas ou pivotantes.

Raiz tabular – Ou sapopemas, são raízes superficiais. Ex.: raiz das figueiras.

Rega – Parte da manutenção das plantas, na qual se dá água às plantas.

Reino – Primeira categoria na classificação botânica (caso se esteja começando pelo Reino). Representada por Plantae e Monera, por exemplo.

Relação trófica – Relações estabelecidas entre os seres vivos, podendo ser amistosas (ex.: simbiose) ou competitivas (ex.: parasitismo).

Saprófitas – Plantas que dependem de matéria orgânica do solo ou de cima do seu suporte para sobreviver, fazendo pouca ou nenhuma fotossíntese. Não invadem os canais das plantas próximas.

Secreção – Todo o líquido, seiva ou pasta expelido pelas plantas.

Secundárias – Plantas que surgem depois das pioneiras ou que crescem depois das pioneiras. São mais resistentes e têm um período de vida maior.

Segregação – Aquilo que separa.

Seiva – Secreção de algumas plantas, normalmente branca e venenosa. Há outros tipos de seiva usados na alimentação.

Sombra – Qualidade lumínica para as plantas que preferem média ou baixa luminosidade, somente indireta.

Subarbustos – Plantas de caule sublenhoso na base e herbáceo no restante, com muitas ramificações na base. Na maior parte das vezes não superam 1,5 metros de altura.

Sublenhoso – Tipo de caule com mediana quantidade de lignina e medianamente rígido.

Substrato – Igual a suporte, pode ser a terra ou uma parede. Também pode ser específico ao tipo de terra.

Sucessão ecológica – Processo de evolução da vegetação em ambientes naturais.

Suporte – Onde se apoia.

Topoceptivo – Atributos orientacionais, essencialmente ligados ao sentido da visão e que estabelecem fortes ou fracas identidades para os lugares. Ver **topologia**.

Topologia – Estudo das relações de inteligibilidade espacial ou propriedade de identificação local. Ver **topoceptivo**.

Tóxico – Aquilo que envenena.

Toxinas – Substâncias que podem estar presentes em plantas, animais e minerais com qualidades mortíferas ou de menor dano. Ver **veneno**.

Trepadeiras – Plantas que avançam sobre seu suporte em busca de nutrientes e luminosidade. Podem somente se apoiar, como podem estrangular e sugar o suporte, caso vivo. Ver **lianas**.

Tronco – Tipo de caule lenhoso ou sublenhoso. Pode ser ramificado na base. É o caule das árvores e arbustos. Ver **caule**.

Umbrófilas – Plantas adaptadas ao regime de sombra mais contínuo (Singônio, Taro, samambaias etc.).

Urticária – Irritação da pele que pode gerar coceira ou queimaduras. Tem graus leves ou mais graves.

Vazios urbanos – Onde não há uso na cidade, como lotes ainda não ocupados.

Vegetação – Grupo de plantas existentes no espaço.

Veneno – Toxina que pode estar presente em plantas, animais e minerais. Ver **toxinas**.

Verde – Além da cor, pode denominar elementos e ações sustentáveis ambientalmente (economia de energia, carros menos poluidores etc.) ou ser sinônimo de vegetação.

Vias – Por onde se circula. Pode ter o sentido de ser avenida ou rua, tratando do trânsito de automóveis.

Vias de trânsito de automóveis – Por onde circulam automóveis. Podem ser ruas, avenidas, corredores expressos.

Xerófitas – Plantas adaptadas ao regime de chuvas menos contínuo (Cactáceas, Umbuzeiro, Agaves etc.).